2016年江西省教育厅科技项目：江西省生产性服务业及其对经济发展的影响研究

生产性服务业集聚及其对经济发展的影响研究

The Research of Impact of Economic Development on Agglomeration of Producer Services

温 婷 著

中国财经出版传媒集团

经济科学出版社

Economic Science Press

图书在版编目（CIP）数据

生产性服务业集聚及其对经济发展的影响研究／温婷著．—北京：经济科学出版社，2017.11

ISBN 978-7-5141-8520-1

Ⅰ.①生… Ⅱ.①温… Ⅲ.①制造工业-服务经济-经济发展-研究-中国 Ⅳ.①F426.4

中国版本图书馆 CIP 数据核字（2017）第 243588 号

责任编辑：白留杰　刘殿和
责任校对：杨　海
责任印制：李　鹏

生产性服务业集聚及其对经济发展的影响研究
温　婷　著
经济科学出版社出版、发行　新华书店经销
社址：北京市海淀区阜成路甲 28 号　邮编：100142
教材分社电话：010-88191355　发行部电话：010-88191522
网址：www.esp.com.cn
电子邮箱：esp@esp.com.cn
天猫网店：经济科学出版社旗舰店
网址：http://jjkxcbs.tmall.com
北京密兴印刷有限公司印装
710×1000　16 开　13.25 印张　180000 字
2017 年 11 月第 1 版　2017 年 11 月第 1 次印刷
ISBN 978-7-5141-8520-1　定价：42.00 元
（图书出现印装问题，本社负责调换。电话：010-88191510）
（版权所有　侵权必究　举报电话：010-88191586
电子邮箱：dbts@esp.com.cn）

目　　录

导论 …………………………………………………………（ 1 ）
　　一、研究背景与意义 …………………………………（ 1 ）
　　二、国内外研究现状评述 ……………………………（ 4 ）
　　三、主要内容与结构框架 ……………………………（ 17 ）
　　四、研究的创新点 ……………………………………（ 21 ）

第一章　生产性服务业集聚相关概念界定及其理论基础 …………………………………………（ 22 ）

　第一节　相关概念界定 …………………………………（ 22 ）
　　一、生产性服务业的概念 ……………………………（ 22 ）
　　二、生产性服务业集聚的概念 ………………………（ 26 ）
　第二节　生产性服务业集聚的形成机理 ………………（ 29 ）
　　一、生产性服务业集聚的外生机制 …………………（ 29 ）
　　二、生产性服务业集聚的内生机制 …………………（ 33 ）
　第三节　生产性服务业集聚演化过程 …………………（ 37 ）
　　一、生产性服务业集聚萌芽期 ………………………（ 38 ）
　　二、生产性服务业集聚成长期 ………………………（ 39 ）
　　三、生产性服务业集聚成熟期 ………………………（ 40 ）

　　　　四、生产性服务业集聚衰退期 …………………………………（41）
　　本章小结 ……………………………………………………………（42）

第二章　中国生产性服务业集聚测度及其动态演化 ………（44）

　　第一节　中国生产性服务业发展现状 ………………………………（44）
　　　　一、生产性服务业总体发展趋势 …………………………………（44）
　　　　二、生产性服务业发展的行业特征 ………………………………（46）
　　　　三、生产性服务业的空间分布特征 ………………………………（48）
　　第二节　中国生产性服务业集聚程度测算 …………………………（49）
　　　　一、产业集聚测度指标 ……………………………………………（49）
　　　　二、生产性服务业整体集聚状况 …………………………………（53）
　　　　三、生产性服务业集聚的行业特征 ………………………………（61）
　　　　四、生产性服务业集聚测度结论 …………………………………（67）
　　第三节　中国生产性服务业集聚的动态演化 ………………………（68）
　　　　一、生产性服务业集聚演化过程模型 ……………………………（68）
　　　　二、生产性服务业集聚演化实证分析 ……………………………（73）
　　　　三、生产性服务业集聚动态演化的分析结论 ……………………（80）
　　本章小结 ……………………………………………………………（80）

第三章　生产性服务业集聚对经济发展的影响机理 ………（84）

　　第一节　生产性服务业集聚对经济增长的影响机理 ………………（84）
　　　　一、生产性服务业集聚对经济增长的集中效应 …………………（85）
　　　　二、生产性服务业集聚对经济增长的扩散效应 …………………（90）
　　　　三、生产性服务业集聚对经济增长的创新效应 …………………（93）
　　第二节　生产性服务业集聚对产业结构升级的影响机理 …………（95）
　　　　一、生产性服务业集聚对产业结构升级的创新机制 ……………（96）
　　　　二、生产性服务业集聚对产业结构升级的效率机制 ……………（97）

三、生产性服务业集聚对产业结构升级的传导机制……（99）

本章小结………………………………………………………（100）

第四章 中国生产性服务业集聚对经济增长的影响……（103）

第一节 空间分析方法简介………………………………（104）

一、MoranI 指数………………………………………（104）

二、空间面板计量模型…………………………………（105）

三、空间相关性检验与模型选择………………………（107）

四、空间计量模型的估计………………………………（107）

第二节 空间计量模型的建立……………………………（108）

一、基础模型设定及变量说明…………………………（108）

二、空间权重矩阵的构建………………………………（112）

三、经济增长空间自相关检验…………………………（114）

第三节 生产性服务业整体集聚对经济增长的影响……（117）

一、空间相关性检验……………………………………（117）

二、模型估计结果分析…………………………………（118）

第四节 生产性服务行业内集聚对经济增长的
影响效应……………………………………（123）

一、空间相关性检验……………………………………（123）

二、模型估计结果分析…………………………………（125）

本章小结………………………………………………………（132）

第五章 中国生产性服务业集聚对产业结构
升级的影响……………………………………（135）

第一节 空间计量模型的建立……………………………（136）

一、变量选择和数据来源………………………………（136）

二、产业结构升级空间自相关性检验…………………（140）

第二节　生产性服务业整体集聚对产业结构升级的
　　　　影响效应 ………………………………………… (142)
　　一、空间相关性检验 ……………………………………… (142)
　　二、模型估计结果分析 …………………………………… (143)
第三节　生产性服务行业内集聚对产业结构升级的
　　　　影响效应 ………………………………………… (149)
　　一、空间相关性检验 ……………………………………… (149)
　　二、模型估计结果分析 …………………………………… (150)
本章小结 ………………………………………………………… (156)

第六章　中国生产性服务业集聚的经济发展效应区域差异 ……………………………………………… (159)

第一节　生产性服务业集聚的经济增长效应区域差异 ……… (159)
　　一、样本说明和模型建立 ………………………………… (159)
　　二、生产性服务业整体集聚对经济增长影响的
　　　　区域差异 ……………………………………………… (161)
　　三、各生产性服务行业集聚对经济增长影响的
　　　　区域差异 ……………………………………………… (163)
第二节　生产性服务业集聚的产业结构升级效应
　　　　区域差异 ………………………………………… (167)
　　一、样本说明和模型建立 ………………………………… (167)
　　二、生产性服务业整体集聚对产业结构升级影响的
　　　　区域差异 ……………………………………………… (168)
　　三、各生产性服务行业集聚对产业结构升级影响的
　　　　区域差异 ……………………………………………… (170)
本章小结 ………………………………………………………… (175)

第七章 中国生产性服务业集聚发展的政策建议 (178)

第一节 健全生产性服务业集聚政策体系 (178)
一、完善创新支撑政策 (178)
二、优化投融资政策 (179)
三、改革税收政策 (180)

第二节 实现各生产性服务行业集聚协调发展 (181)
一、重视科技服务业集聚发展 (181)
二、建立新型现代物流集聚网络 (182)
三、促进金融、信息服务业集聚创新发展 (183)

第三节 因地制宜发展生产性服务业集聚 (184)
一、突出东部地区集聚战略中心地位 (184)
二、推动西部地区建立科技品牌集聚区 (185)
三、改变中部及东北地区生产性服务业集聚落后状况 (186)

研究结论与展望 (188)

一、研究结论 (188)
二、研究展望 (191)

参考文献 (193)

导　论

一、研究背景与意义

(一) 研究背景

当今世界，全球范围内的产业结构调整呈现出一种由工业经济向服务经济转变的趋势，服务业已然成为现代经济发展最具活力的部门。生产性服务业为制造业提供中间服务，属于服务业中知识含量最高的组成部分，是产品高附加值的重要来源。生产性服务业发展的优劣直接影响其上、下游制造企业的生产能力，而生产力是衡量国家综合竞争实力的重要标准之一。因此，大力发展生产性服务业对提升社会生产力水平、增强国家综合竞争力而言至关重要。

现代经济发展过程中产业演化逐渐呈现集聚发展的特征。经济一体化程度的加深和生产价值链的不断完善使得生产要素的流动成本下降，极大地推动了产业在全球范围内的重新布局，产业集聚现象越来越普遍。相对于传统的制造业集聚而言，近年来，具有"三高——人力资本含量高、技术含量高、附加值高"特征的生产性服务业在不同比较优势区域的集聚趋势愈发明显，其集群化、网络化的特征比较突出。

从国际上看，生产性服务业发展迅速，产业集聚成为其主要组织形式。以美国为例，其生产性服务业呈现出高度集聚的特点，广告业集中于纽约麦迪森大道；金融业集中于华尔街；IT业集中于硅谷；娱乐业集中于拉斯维加斯。对生产性服务业集聚发展较快的美国、英国、日本等发达国家，以及爱尔兰、印度等新兴国家而言，生产性服务业空间集聚产生的竞争优势，不仅对服务业本身更对繁荣城市经济、增强城市竞争力产生了极大的促进作用。

中国作为世界最大的发展中国家，相对于发达国家，其服务业发展水平偏低；增长较为缓慢；内部产业供求不平衡，消费性服务业产能过剩，而生产性服务业供不应求，亟待加快发展。近年来，中国政府相继出台一系列政策加快生产性服务业发展，继"十一五"规划提出"加快发展服务业"后"十二五"规划进一步指出，要"营造环境推动服务业大发展"；尤其是2014年7月国务院下发《关于加快发展生产性服务业促进产业结构调整升级的指导意见》①，指出作为全球产业竞争的战略制高点，生产性服务业的发展是调整产业结构、促进经济稳定增长的必然要求。

从现实来看，国内生产性服务业集聚现象日益显著，特别是市场经济较发达的上海、北京、深圳等中心城市，相继出现一定规模的CBD现代服务业集聚区。例如，北京金融街、中关村等生产性服务业集聚区的蓬勃发展、上海十大生产性服务业集聚区的建成，以及深圳拟建立南山、福田等生产性服务业集聚区计划的实施等。这些生产性服务业集聚区通过集中发展优势产业，能够降低成本、促进技术创新、发挥规模经济效益，使得该产业的竞争优势不断增强。并且，通过服务业外包，生产性服务业生产效率的提高能够引起制造业等相关联产业生产效率的提升，达到拉动城市经济增长，推动产业结构升级的目的，甚至对邻近城市的经济发展产生积极作用。

综上所述，生产性服务业集聚对中国经济发展影响重大。故在经济全球化的大背景下，为了描述各生产性服务行业集聚的静态和动态发展特性，为了探索生产性服务业集聚对经济增长及产业结构升级究竟具有

---

① http://www.gov.cn/zhengce/content/2014-08/06/content_8955.htm.

何种影响，为了辨明不同生产性服务行业集聚对经济发展的作用是否存在差别，为了比较各区域生产性服务业集聚状况及其对经济发展的影响是否一致，为了回答这些产业经济发展中亟待解决的问题，本书对生产性服务业集聚及其经济发展影响效应进行了相关研究。

（二）选题意义

1. 理论意义

相对于日渐成熟的制造业集聚研究而言，学术界对服务业集聚的理论研究较少。随着全球服务经济的迅猛发展，服务业集聚现象引起了人们广泛关注，一些专家学者逐渐将目光转向服务业集聚领域，但相关文献零散而不系统，特别是国内缺少针对生产性服务业集聚的系统性研究。

本书将生产性服务业集聚与经济发展相结合，分析我国生产性服务业集聚发展的经济增长及产业结构升级影响效应。通过对生产性服务业集聚经济增长效应和产业结构升级效应的作用机制进行梳理，并对两种影响效应进行量化分析，有助于我们更全面地摸清我国生产性服务业集聚发展规律，掌握生产性服务业与经济增长和产业结构调整之间的关联效应，了解经济增长的内在驱动机制，理解我国各区域间的空间依存关系，为我国区域经济差距的形成与演化提供新的理论阐释，从而为我国产业结构优化调整提供新的理论依据。

2. 现实意义

党的十八大报告明确指出，要"加快传统产业转型升级，推动服务业特别是现代服务业发展壮大"。大力发展生产性服务业是推动中国经济结构战略性调整的重要环节，是加快转变经济发展方式、完善社会主义市场经济体制的必然要求。集聚作为生产性服务产业发展的新兴形式，正在蓬勃发展，这种高效的产业组织形式，能够有效提升生产性服务业竞争力，带动相关联产业发展、拓宽城市经济增长空间。因此，本书在分析我国生产性服务业集聚形成、对动态演化进行系统描述的基础上，着重研究生产性服务业集聚对经济增长及产业结构升级的影响效应，以期为我国政府推动生产性服务业合理布局、科学利用生产性服务业资源、制定生产性服务业发展政策，使其能够充分发挥经济"黏合剂"和"助推器"功能提供科学依据和智力支持。

二、国内外研究现状评述

（一）产业集聚理论的起源和发展

产业集聚是指某产业在既定区域内高度集中的现象，产业集聚所产生的竞争力极大地促进了区域经济的增长。国外经济学家们很早就被这种经济现象所吸引，从不同角度对该现象进行了理论研究。

产业集聚思想起源于德国经济学家冯·杜能（Johann Heinrich von Thünen，1826）。作为经济地理学和农业地理学的创始人，他的农业区位论专著《孤立国对农业和国民经济之关系》[①] 开创了全世界区位理论的先河。以区位经济分析及区位地租理论为依据，他提出六种耕作制度，并且根据每种耕作制度划分六个区域，城市处于六大区域的中心，而这些区域围绕城市组成同心圆，即著名的"杜能圈"。杜能提出的思想对现代区位理论的发展影响重大。

外部规模经济是产业集聚的根本动因，英国经济学家马歇尔最先对外部规模经济与产业集群关系进行了系统研究。德国经济学家阿尔弗雷德·韦伯（Alfred Weber，1909）首次从成本的角度阐述集聚理论体系化，他在《工业区位论》[②] 指出，产业集聚是源于各种因素的集中和彼

[①] 简称为《孤立国》，被视为经济地理学和农业地理学的开篇之作。

[②] 韦伯1909年发表的《工业区位理论：区位的纯粹理论》，提出了工业区位论的最基本理论。此后他又于1914年发表《工业区位理论：区位的一般理论及资本主义的理论》，对工业区位问题和资本主义国家人口集聚进行了综合分析。

此相互作用带来的经济效益、成本节约动机下的产业集中。美国经济学家埃德加·M·胡佛（Edgar M. Hoover, 1937）则首次将集聚经济进行分解,认为集聚经济由内部规模经济、地方化经济和城市化经济三部分组成。

20世纪70年代末期,新地理经济学派的兴起给集聚经济带来了新的发展。以美国经济学家保罗·克鲁格曼（Paul R. Krugman）为代表的经济学家们将空间区位因素引入传统的规模经济理论,对空间结构、经济增长和规模经济这三者之间的联系进行探索。他以报酬递增、垄断竞争为前提,建立"中心—外围"模型,对工业集群加以说明。同时,他开创性地将传统经济地理学理论融入垄断竞争模型中,并且综合多种影响因素,提出降低运输成本、提高制造业比例将有助于形成区域集聚（Krugman, 1991）。

美国经济学家,"竞争战略之父"迈克尔·波特所代表的竞争理论学派同样对集群经济理论的发展贡献重大。迈克尔·波特（Michael E. Porter, 1990）著有《国家竞争理论》,指出一个国家和区域内的产业竞争力决定了该国家或区域的整体竞争优势,而产业集聚的外部经济效应是提升产业创新能力和竞争力的重要推动力,并且最终能够对国家整体产业竞争优势产生积极影响。一个国家的经济由产业集群组成,这些产业集群相互促进,从而推动了国家经济的发展。

（二）生产性服务业集聚发展研究

传统产业集聚理论起源于制造业研究,但随着世界经济向"服务经济"转变,服务业的生产性功能越来越受重视,生产性服务业集聚现象也引起了国内外学术界的广泛关注。

1. 生产性服务业集聚的形成机理

已有的集聚理论大多基于工业集聚,因此学术界对这些理论在服务业集聚问题上的适用性产生了质疑。Moullaert 和 Gllouj（1993）最先指出为消费者提供定制服务的服务企业的创新能力、知识技能都有别于提供消费产品的制造业，因此制造业集聚理论与模型并不适合服务业。已有文献主要从知识、成本和产业互动三个方面对生产性服务业集聚的形成机理进行了研究。

（1）以知识为核心集聚。生产性服务业知识密集的特征决定了生产性服务业企业以知识溢出环境为核心的空间集聚。D. Keeble 和 F. Wilkinson（2000）认为不同于制造业从需求和供给的角度来取得集聚效应，生产性服务业则从知识和创新环境等角度来取得。D. Keeble 和 L. Nacham（2002）将英格兰南部零散分布的服务企业与伦敦生产性服务业集聚区内的服务企业进行了对比研究，得出集聚区内服务企业在市场中更具竞争优势，原因是集聚区内熟练劳动力的自由流动、企业通过交易和非交易方式进行的各种合作等，都为集聚区企业的知识创新提供了机会，从而确保这些企业在市场竞争中处于有利地位。Pinch 和 Henry（1999），Moullaert 和 Gallouj（2000）认为，相对于能够明确表达的显性知识，生产性服务企业间高度个人化的隐性知识及专业知识的外溢对生产性服务业集群形成和发展的推动力更大。

国内学者代文（2007）分析得出，现代服务业集聚的形成与知识溢出、学习效应、创新欲望、市场机制、规模经济五大因素密切相关。魏江、朱海燕（2006）以慈溪家电产业集群为例对知识密集型服务业与产业集群发展的互动模式进行了研究，研究结果表明新知识、新技术是知识密集型服务业企业集聚的重要纽带。高运胜（2008）认为，集聚便于企业获取创新、发展新市场，能够更加有效地送达产品和服务。

（2）为降低成本集聚。生产性服务业的产业特性导致了服务效用的不确定性，一些学者以为生产性服务企业会选择空间集聚的方式去降低这种不确定性。Senn（1993）指出生产性服务企业在空间上进行集聚，其主要原因是降低风险和减少不确定性。同年，Goddard 指出，由于规避人们相互接触时的信息不确定，会计、法律、广告等生产性服务业更多地是在大都市的中心商务区集中。Pandit 和 Cook（2003）认为，面对面的交流能够增强供求双方的信任，降低产生道德风险和机会主义的概率，这导致了信息密集型的生产性服务业企业在特定的空间集聚。Naresh 和 Gray（2001）则认为，企业在地理空间上的集中，一方面能够降低服务供给方和需求方之间的信息不对称风险；另一方面有利于提高企业的声誉。故生产性服务企业选择集聚发展。

国内学者叶耀明（2007）也从降低交易费用的视角对金融集聚区的形成和发展进行了探讨，他指出金融集聚有助于不断扩宽金融产业市场，深入挖掘金融市场潜力，推动地区金融产业发展。但斌、张乐乐和钱文华（2008）则认为，集聚分布模式不同，其形成的动力机制各异，以制造业为核心的综合化产业集聚区的形成与分工和交易费用联系紧密。宣烨（2013）认为，交易成本与本地市场规模、工业企业平均规模（需求因素）、生产性服务业的专业化程度及竞争程度（供给因素）等因素共同促成了生产性服务业的集聚。陈艳莹等（2014）则采用投入产出数据，从本地市场效应和比较优势两个方面对生产性服务业集聚的成因进行了实证检验，研究发现信息传递成本是影响生产性服务业集聚形成的重要因素。

（3）为产业互动集聚。生产性服务业发展过程中需要与其上下游产业进行互动，特别是处于其上游的制造业，部分研究成果显示服务业集聚与制造业集聚之间存在协同现象。Marshall（1988）对英国三大地区（伯明翰、利兹和曼彻斯特）制造商的服务供给来源进行统计，得出这些制造企业购买的中间服务，80%来自于同一地区。Desmet（2005）通过研究生产性服务业集聚与制造业集聚之间的互动效应，发现生产性服务业集聚能够在一定程度上促进制造业的集聚发展，并且在既定区域内生产性服务业集聚程度比制造业集聚程度更高。Andersson（2006）分别建立制造业和生产性服务业的集聚函数进行比较研究，集聚函数设定时将对照产业的区位作为自变量纳入研究模型中，最终发现都市区内的制造业和生产性服务业存在协同集聚的趋势。Astrid Krenz（2010）选择22个服务行业对欧盟服务业集聚与工业集聚之间的关系进行了实证研究，证明了在欧盟，服务业集聚与工业集聚之间确实存在交互效应，特别是纺织业集聚对批发零售业集聚的正向影响极其显著。

国内学者曾国宁（2006）认为，需求者的区位选择、制造业和其他服务业集聚会导致生产性服务业的集聚。张益丰和黎美玲（2010）对中国省域范围内的制造业及其关联生产性服务业的集聚效应进行了研究，发现东部地区的先进制造业和相关联生产性服务业不仅各自集聚效应明显而且存在协同集聚现象。陈建军（2011）则从制造业与生产性服务业之间的关联关系入手分析了两者协同集聚的可能原因，一方面从需求上看，生产性服务业企业为满足自身的市场需求会自发地向制造业集聚区靠拢；另一方面从成本上看，为了节约成本制造业企业又趋向于接近生产性服务业集聚区分布。张益丰（2013）采用蓝色经济区市级面板数据，证实了制造业的产业集聚是生产性服务业产业集聚有效形成的基础。

2. 生产性服务业集聚的演化研究

生产性服务业集聚的演化是指生产性服务业集聚的动态发展过程。目前服务业集聚演化研究主要可分为两大类：服务业集聚演化的生命周期和服务业集聚演化的区位选择。国内的研究主要集中于集聚演化的区位选择上。

（1）服务业集聚演化的生命周期。已有相关研究表明，服务业集聚的演化与生命周期的演进过程类似。Storper和Walker（1989）研究发现，产业生命周期模型是服务业在地理上进行分布的理论基础。在服务业发展的不同阶段（萌芽期、成长期、成熟期、饱和期和衰退期）其空间集聚演化的动力不同。在生产性服务业集聚发展进入成熟期后，生产性服务企业为达到降低成本的目的将远离城市的商务中心，逐渐向城市边缘转移，空间集聚效应开始减弱。Naresh、Gary和Swann（2001）的研究显示，金融服务业集群的动态演化同样遵循生命周期规律，金融集群一旦趋于饱和则集聚区内企业间竞争加剧，导致企业成长速度大幅降低，集群外企业进入困难，因此集聚区内企业为了寻求成本优势开始向外转移，集聚逐渐步入衰退期。另外，他们认为，经济形式、基础设施和文化资本等也是影响金融集群集聚动力的重要因素。

（2）服务业集聚演化的区位选择。服务业集聚存在集中或扩散两种趋势。现代服务业往往聚集于城市CBD或市中心区，随着交通和信息传输的发展，低层次的服务部门逐渐向城市郊区转移，形成低层次的服务业聚集区。这种现代服务业由区域中心向边缘扩散的趋势，是经济发展的必然趋势，而网络信息技术的兴起更放大了这种扩散趋势。因此，服务供求依赖面对面接触，具有高度"前台"功能的服务业，其势必保持集聚趋势，而供求不需要面对面接触，具有高度"后台"功能的服务业则可以向城市的边缘扩散，以达到降低成本的目的。

尽管生产性服务业集聚的演化过程极为复杂，影响因素繁多，但仍可将影响集聚区位选择的因素大致分为以下几类：

第一，经济区位因素。Weber（1929）认为，产业区位模式及其空间集中与分散的态势是由交通成本、劳动成本和社会集聚经济决定的。Daniels（1985）研究表明，尽管随着信息技术的发展，服务业并不完全依赖面对面的联系方式，但其他许多人为因素及经济因素仍然会促使生产性服务业向城市中心CBD集聚。Richard Shearmur和David Doloreux（2008）发现，20世纪90年代，加拿大高级生产服务行业，以及知识密集型服务行业的区位选择都与劳动力市场、协同效应、溢出效应等因素密切相关。Jed Kolko（2010）研究发现，不同于制造业集聚于自然资源丰富的地区，由于服务业向人提供服务的特点，它通常会集聚在中心城市周围，得以更近距离地与消费群体进行接触。另外，该研究认为，虽然信息科技不断发展，一些不需要与客户"面对面"进行交易的服务业仍旧会选择在中心城市集聚，以与商业合作伙伴更好地进行沟通。国内学者何骏（2009）通过对发达国家的研究发现，城市经济发展到一定阶段后，由于受到经济总量、经济结构和人口等相关因素变化的影响，服务业集聚模式则由类型单一的大型CBD（中央商务区）模式分散演变扩展成若干个微型CBD。

第二，地理区位因素。最初的地理区位因素指的是地租对产业集聚区位选择的影响。根据竞租理论（Alonso，1964），由于不同土地使用者的预算约束各异，他们对于同一区位的经济评估并不相同。区位离城市中心的距离越远，不同土地使用者的效益递减也不一致。Alonso的调查有效证明了这一观点，付租能力较高的商务服务业，其区位选择多靠近市中心，而办公楼、工业、居住、农业的区位选择则依次由市中心向郊区发散。另外，Ferguson（1997）的研究发现除地租外，区域环境、是否存在顾客群等因素也会影响生产性服务企业的区位决策。Robert和Colin Smith（2002）则将距离对需求的影响纳入商务咨询服务企业区位选择的影响体系之中进行研究。Berkoz 和 Eyuboglu（2007）进一步指出不同生产性服务行业特征各异，其地理偏好也存在一定差异。国内学者蒋三庚（2008）根据地租理论指出，经济活动的区位选择以成本最小化为基本准则，主要由企业与客户群之间的距离决定。

第三，信息区位因素。信息区位因素的理论依据是行为区位论。行为区位论认为企业的区位决策取决于其对区位信息的获取和积累。区位信息可从前期投资经验中获得或向其他投资者学习。过去的投资经验对当前和未来的区位选择影响重大。某区域内某种信息或知识的高度集中，会吸引相关企业向该区域靠拢并逐渐形成集聚区。Simon X. B. 等（2004）的研究证实了这种观点，他们发现为了获得信息成本优势，高级金融服务企业通常在国际都市的信息中心形成集聚。

国内学者方远平、阎小培和陈忠暖（2008）认为，除经济因素与信息因素外，空间因素、人文因素对服务业集聚的区位选择同样具有显著影响。

(三) 生产性服务业集聚对经济发展的影响

外溢效应可以理解为外部性,是经济活动中普遍发生的一种现象。产业集聚经济外溢效应分正负两类,具体来说,当社会从集聚活动中所得到的效益大于该产业从中所得时,这项集聚活动就产生了正外部效应;反之,当集聚活动所造成的社会成本大于集聚实际付出的成本时,该集聚活动就会产生负外部效应。早期的研究多关注工业集聚对经济的影响,生产性服务业集聚对经济发展的影响研究尚少,有限的研究主要可以分为对经济增长的影响,以及对关联产业发展的影响。

1. 生产性服务业集聚对经济增长的影响

多数学者采用劳动生产率指标代表经济增长进行研究。国外有关产业集聚对劳动生产率影响的研究起步较早,但多数学者的研究局限于工业领域,甚少结合服务业集聚进行分析。Ciccone是该项研究的先驱者,为了探究地域间劳动生产率差异化的原因,他以美国为研究对象,采用非农就业密度对1988年美国城市经济的集聚程度进行衡量,发现美国城市非农就业密度的劳动生产率系数为5(Ciccone and Hall;1996),并且采用1992年德国、英国、法国、意大利、西班牙五国的数据进行实证检验,欧洲五国测算结果与美国测算结果相比,该项弹性系数略低,为4.5(Ciccone;2002)。但是Dakel和Eaton(1999)采用相同方法,就日本地方工资和地租对制造业和金融业集聚效应的影响进行测算,却发现尽管研究行业存在集聚效应,但该弹性系数水平较低,仅为1.25。

近年来,国内生产性服务业集聚对劳动生产率影响方面的研究逐渐兴起,产生了大量研究成果。与国外有关研究类似,国内大部分研究结论显示产业集聚能够促进劳动生产率的提高。范剑勇(2006)选用就业密度指标反映非农产业集聚特征，发现非农产业集聚对其自身劳动生产率的提高存在显著的正效应。胡霞（2007）利用分层线性模型（HML）不仅证明了经济集聚能够提升服务业生产效率，而且对不同城市区位选择对服务业生产效率的影响进行了检验。童馨乐等（2009）则建立面板模型考察了服务业集聚对服务业劳动生产率的影响，同样得出了服务业集聚促进服务业劳动生产率水平提高的结论。施卫东、高雅（2013）运用DEA-Malmquist指数法测算了长三角16个中心城市金融服务业集聚全要素生产率（TFP），并进行了市际差异的比较和分析，结果显示技术进步对服务业集聚TFP的促进作用最为明显。周文博、樊秀峰和韩亚峰（2013）利用EG指数的分析，也表明我国服务业集聚主要是推进了服务业的技术进步，从而促进了服务业全要素生产率的提高。

有部分国内学者的研究得出的结论与上述结论并不一致，认为生产性服务业集聚对生产率的影响是有条件的，或者对其影响并不显著。陈立泰、张祖妞（2011）运用空间计量方法，采用人力资本集聚度、物质资本集聚度和就业密度衡量我国省域服务业集聚水平，发现物质资本集聚度对劳动生产率的作用显著，人力资本集聚度却不显著。赵维良（2013）对我国服务业聚集状况对生产率的影响研究更是直接得出服务业集聚对服务效率的影响不显著的结论。

近几年，国内不同类型集聚对经济增长影响的对比研究逐渐兴起。陈立泰、张祖妞（2010）认为，中国服务业集聚的专业化效应强度大于集聚的多样化效应强度，这导致了服务业集聚与区域经济增长之间的负相关关系。王琢卓、韩峰（2012）具有相同观点，他们分析发现，生产性服务业集聚多样化无论在长期还是短期均能显著促进城市经济增长，但专业化却对经济增长产生负向效应。随后，王琢卓进一步分析了生产性服务业集聚的区域经济促进作用，认为促进作用的有效空间范围为200公里，且经济发展水平较高的城市，集聚对经济增长的影响更大

(王琢卓，2013；韩峰、王琢卓和阳立高，2014）。

2. 生产性服务业集聚对关联产业发展的影响

随着研究的深入，国内外学者认识到生产性服务业集聚能够通过影响关联产业对经济发展产生影响，而生产性服务业与制造业的联系最为密切，故多数研究选择制造业为研究对象。

Hansda（2001）通过利用投入产出技术对产业间关联效应进行分析，对服务导向的经济增长进行了说明，他指出服务行业发展对关联产业具有明显的溢出效应。Banga（2005）则在此基础上进一步对服务经济发展的几个重要问题进行了解释。他认为，在研究生产性服务业集聚对经济增长的影响时，不仅要考虑市场外部性或资本外部性，还要注重技术外部性的影响。藤田昌久、蒂斯（2004）则通过构建内生增长模型进行研究，他们发现创新型服务业的区域集聚可以通过促进制造业产品革新进而推动区域经济增长。

近年来，国内学者也开始将生产性服务业集聚作为一项重要因素，纳入制造业升级的研究框架中。苏红键、赵坚（2011）对长三角地区制造业结构趋同的原因进行了分析，研究发现生产性服务业在城市中心集聚，能够提高区域产业资源的配置效率，有利于区域制造业发展。顾乃华（2011）研究发现，生产性服务业集聚能够促进工业全要素生产率的提高，然而由于受到地理限制，中心城市的生产性服务业集聚对工业的辐射带动作用不能得到充分发挥。

另外，已有部分国内外学者对生产性服务业与制造业双重集聚和协同集聚现象进行了探索性研究（Desmet and Fafchamps，2005；Andersson，2006；Kolko，2010）。多数学者通过理论和实证分析，认为生产性服务业集聚与制造业集聚之间呈显著的正相关关系，并且两者的协同集聚能够对区域经济增长、产业技术水平及产业结构优化升级产生一定正向促进作用（高峰、刘志彪，2008；陈国亮，2010；陈建军、陈菁菁，2011；赵伟、郑雯雯，2011；张益丰、黎美玲，2011；）。而江曼琦、席强敏（2014）则指出，低附加值产业间的产业关联产生的聚集经济不强且产业空间分布较松散，因此，产业布局时应注意技术密集型制造业与信息、商务、科技类生产性服务业的空间融合。

3. 生产性服务业集聚对经济发展的空间影响

为了探究生产性服务业是否存在空间集聚的特征，以及分析生产性服务业集聚能否通过空间传导机制影响邻近区域该产业、相关联产业甚至区域经济的发展，研究者们将空间因素纳入生产性服务业集聚研究体系中，对生产性服务业集聚的区域间外溢效应进行研究。但整体来看，国内外相关研究成果较少。

生产性服务业集聚对经济增长的空间影响研究成果较少，对产业集聚的空间外溢，国外一些学者进行了研究。Meijers 和 Burger（2010）认为，距离较近的城市之间产业集聚效应可以共享，并且在其他影响因素不发生作用的前提下，具有多个集聚中心的城市其劳动生产率要比仅有一个集聚中心的城市更高。另外一些学者则围绕地理距离因素对集聚外部性的影响进行了具体分析。Bottazzi 和 Peri（2003）、Fischer（2009）以专利和全要素生产率为对象的研究发现，在欧洲区域间显著的溢出效应范围不超过300公里。Moreno（2005）选用各种距离阈值的空间权重矩阵对技术溢出的衰减距离进行了探讨，发现欧洲175个城市之间的经济技术联系在250公里以内显著，而一旦超过临界值则不再显著。Hanson（2005）采用美国郡县20年的数据进行实证检验，发现10%的正向市场冲击对200公里范围内城市的工资水平具有显著的正向影响，并且该影响随距离的增加而减弱。Daniel G. Chatman 和 Robert B. Noland（2012）则选用美国大城市数据进行了研究，发现交通服务集聚规模的扩大对区域经济发展产生了前所未有的促进作用，交通服务集聚规模的扩大使得城市就业规模、职工工资水平、企业收益水平都有所增长。

在国内研究中，陈立泰（2011）从劳动生产率视角，运用空间计量方法，研究了服务业集聚对区域经济差距的影响。结果显示，我国区域间劳动生产率的提高呈现明显的空间自相关性，服务业物质资本集聚对地区劳动生产率具有显著影响，而人力资本集聚及就业密度对劳动生产率的作用尚不显著。侯淑霞、王雪瑞（2014）基于空间联立模型对中国生产性服务业集聚与经济增长的内生关系进行了检验，结果表明二者相互促进，且并未产生拥挤效应。

除此之外，一部分国内学者就集聚对相关联产业效率的空间溢出进行了初步探索。例如，宣烨（2012）、刘磊和陈光（2014）分别利用中国247个城市样本数据和山东省17地市的面板数据，对中国城市生产性服务业集聚对制造业效率的空间外溢效应进行了实证检验，结果显示生产性服务业空间集聚不仅能够提升本地区制造业效率，而且能够通过空间外溢效应提升周边地区制造业效率。其他一些学者的研究也得出类似结论（刘秉镰、武鹏和刘玉海，2010；宣烨、宣思源，2013；盛丰，2014）。

（四）国内外研究评述

生产性服务业集聚研究从其概念界定到对集聚形成机理进行剖析、对集聚演化过程进行模拟，再到对集聚对经济发展影响的研究进程中，可以清楚地看到，生产性服务业集聚研究具有很强的生命力，已有研究成果对后续研究奠定了良好的基础，提供了参考与借鉴，但仍然具有一定局限。

1. 生产性服务业集聚的行业差异分析并不多见

纵观国内外生产性服务业集聚研究，大多数研究仅着眼于生产性服务业整体集聚或单一生产性服务行业集聚，对生产性服务业集聚的行业差异分析还不多见。生产性服务行业特征各异，其集聚发展状况并不统一，不同生产性服务行业集聚对经济发展的影响也存在差别，了解这些方面的差异，能够在推动生产性服务业集聚区建设时做到有的放矢。因此，对生产性服务业集聚的行业差异进行分析显得尤为重要。

2. 生产性服务业集聚的区域比较研究有待加强

已有研究成果中，针对生产性服务业集聚发展的区域比较研究还很少见。中国幅员辽阔，由于各区域在地理位置、资源禀赋上的不同，其生产性服务业集聚发展状况势必存在一定区别。生产性服务行业集聚竞争力的区域差异能够影响生产性服务企业及相关联企业的跨区域流动，进而对区域经济发展造成影响。因此，对生产性服务业集聚的区域差异进行比较研究，能够为区域功能定位、产业规划等现实决策提供理论支撑。

3. 生产性服务业集聚的经济发展影响效应研究还可充实

目前，生产性服务业集聚对经济发展的影响研究主要偏重于直接测度其对经济增长的影响。然而生产性服务业作为第三产业的重要组成部分，其集聚发展能够通过规模经济、知识溢出、成本控制等多渠道对工业及农业发展产生影响，因此，生产性服务业集聚对产业结构升级的影响力不容小觑。鉴于以上考虑，生产性服务业集聚的经济影响效应研究应该延伸至产业结构升级领域，旨在全面分析生产性服务业集聚对经济发展的影响。

4. 生产性服务业集聚的空间相关性研究不够深入

传统生产性服务业集聚研究，通常以封闭的思想探讨区域范围内生产性服务业的集聚发展对社会、经济活动的影响，忽略了社会经济系统的开放性特征。而现实状况是各区域间社会经济活动具有交叉性，它们互相依赖，形成有机的整体，即区域间经济发展具有一定的空间相关性或空间差异性。因此，在对生产性服务业集聚进行研究时，不可将研究区域作为孤立的封闭的区域进行实证分析，应将其置于空间层面进行深入研究。

三、主要内容与结构框架

（一）主要内容

在党和国家高度重视生产性服务业发展，出台一系列指导意见，支持生产性服务业集聚发展促进产业结构调整升级，推动经济稳定增长的现实背景下，通过阅读大量国内外生产性服务业集聚相关文献，探究国内外研究需要进一步补充与完善之处，本书在对中国生产性服务业集聚现象形成、集聚程度测定、集聚动态演过程化进行系统描述的基础上，从经济增长和产业结构升级两个层面上剖析生产性服务业集聚对经济发展的作用机理，进而采用中国地级以上城市面板数据对生产性服务业集聚的经济发展影响效应进行实证研究。

研究方法上，一是采用静态与动态相结合的方法，对中国生产性服务业集聚发展现状进行全面系统描述；二是采用空间与时间相结合的方法，对中国生产性服务业集聚对经济发展的影响效应进行深入探索。

研究内容上，一是在对全国整体、各区域、各省域范围内中国生产性服务业集聚程度进行全面测度后，定量描述集聚发展的动态演化过程并比较其行业差异；二是在深入剖析生产性服务业集聚对经济发展的影响机理的基础上，全面考察生产性服务业集聚对经济发展的影响程度及其行业差异、区域特点。

通过以上研究，本书试图解决三组问题：

（1）中国生产性服务业集聚发展状况、行业集聚特征如何？是否存在区域差异？其动态演化是否符合生命周期过程？各行业集聚发展目前处于何种阶段？

（2）生产性服务业集聚对经济增长及产业结构升级是否存在空间影响？影响方向和大小如何？各行业集聚的影响效应是否存在差别？

(3) 各区域生产性服务业集聚对经济增长及产业结构升级的空间影响是否具有差异？不同区域最具集聚优势的生产性服务行业有哪些？

（二）结构框架

基于三组主要问题，按照中国生产性服务业集聚"形成—发展—对经济发展产生影响"的过程组织本书结构。第一章是生产性服务业集聚相关概念的界定和理论基础；第二章是对中国生产性服务集聚程度进行测定并定量描述其动态演化过程；第三章是分析生产性服务业集聚对经济发展的影响机理，为实证分析奠定理论基础；第四章和第五章采用空间统计方法分别对生产性服务业集聚对经济增长和产业结构升级的影响效应进行实证检验；第六章是分析生产性服务业集聚经济发展影响效应的区域差异；第七章是根据理论和实证研究结果，提出中国生产性服务业集聚发展的政策建议。

具体的章节内容安排如下：

第一章生产性服务业集聚相关概念界定及其理论基础。首先，对生产性服务业的内涵和外延进行界定，并在此基础上介绍生产性服务业集聚的内涵；其次，分析生产性服务业集聚的形成机理，对生产性服务业集聚的内生和外生机制进行介绍；最后，结合生命周期理论，对生产性服务业集聚的动态演化过程进行说明。

第二章中国生产性服务业集聚测度及其动态演化。在对中国生产性服务业发展的总量特征、行业特征、空间分布特征现状进行描述的基础上，采用静态和动态相结合的方法，一方面选用四种产业集聚测度指标，从整体和分行业两个角度，对全国及各区域生产性服务业集聚程度进行全面系统的测算；另一方面，依据生产性服务业集聚动态演化理论，构建集聚演化的逻辑斯蒂（Logistic）模型对中国生产性服务业集聚的动态演化过程进行拟合。

第三章生产性服务业集聚对经济发展的影响机理。从总量和结构两个视角，梳理出生产性服务业对经济增长及产业结构升级的影响机理，为实证分析提供理论基础。

第四章中国生产性服务业集聚对经济增长的影响。以2003~2012年全国281个地级以上城市为样本，建立空间计量模型，对中国生产性服务业集聚对经济增长的影响效应进行实证检验。将实证检验分整体和行业两个不同层面进行：一方面，揭示生产性服务业整体集聚对经济增长的影响；另一方面，衡量生产性服务行业内部集聚对经济增长影响效应的行业差别。

第五章中国生产性服务业集聚对产业结构升级的影响。与第4章类似，以2003~2012年全国239个地级以上城市为样本，建立空间计量模型，对中国生产性服务业集聚对产业结构升级的影响效应进行实证检验。为了探索行业间差异，同样将实证检验分整体和局部两个不同层面进行：一方面，揭示生产性服务业整体集聚对产业结构升级的影响；另一方面，衡量生产性服务行业内部集聚对产业结构升级影响效应的行业差别。

第六章中国生产性服务业集聚的经济发展效应区域差异。进一步分析各区域生产性服务业集聚对经济增长和产业结构升级的影响，旨在了解生产性服务业集聚的经济增长效应和产业结构升级效应的区域差异状况，有助于各区域因地制宜地促进生产性服务业集聚发展，进而推动区域经济增长和产业结构升级。

第七章中国生产性服务业集聚发展的政策建议。根据中国生产性服务业集聚对经济发展影响的理论和实证研究结果，结合中国生产性服务业集聚发展现状，从优化产业结构升级，提升经济发展质量目标出发，提出促进生产性服务业集聚发展的相关政策建议。

（三）技术路线

本书研究中国生产性服务业集聚及其经济发展影响效应的技术路线

如图 0-1 所示。

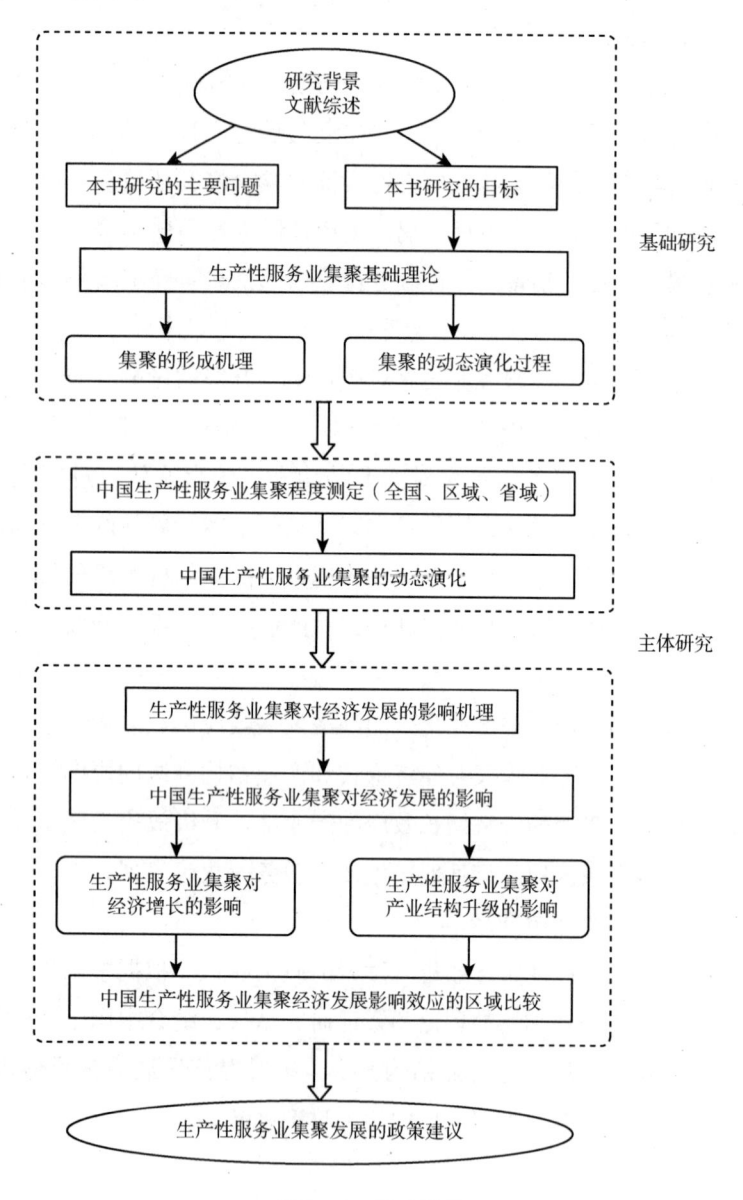

图 0-1 技术路线

四、研究的创新点

本书在总结、吸纳前人研究成果的基础上,力求有所创新,主要体现在以下几个方面:

(1) 在产业关联理论基础上,将生产性服务业集聚对经济发展的影响效应研究延伸至产业结构升级领域。生产性服务业作为重要的中间投入服务业,其集聚发展能够通过规模经济、知识溢出、成本控制等多渠道对工业及农业发展产生影响,对产业结构升级的作用力不容小觑。从理论上分析生产性服务业集聚对产业结构升级的影响机理,并对其进行实证检验,使生产性服务业集聚的经济发展影响效应研究更加全面。

(2) 根据不同生产性服务行业发展现状,对生产性服务业集聚及其经济发展影响效应的行业差异进行了分析。了解各生产性服务行业的集聚发展状况,并且比较不同生产性服务行业集聚对经济发展的影响效应,能够为有的放矢地推动各类生产性服务行业集聚区建设提供理论依据。

(3) 在区域经济发展不协调的现实背景下,比较分析生产性服务业集聚及其经济发展影响效应的区域差异。认识各区域间生产性服务业集聚发展存在的差距,同时探索各区域最具集聚优势的生产性服务行业,将为区域间采取优势互补进行产业合作指明方向,具有现实指导意义。

(4) 采用空间统计分析方法,在空间层面上剖析生产性服务业集聚的经济发展影响效应。从经济增长和产业结构升级两方面,检验生产性服务业集聚对经济发展的空间影响,比较不同生产性服务行业集聚的空间外溢效应,同时进行区域差异性分析,使研究更具科学性、客观性和全面性,对产业集聚的区域外溢性定量研究进行了补充。

第一章　生产性服务业集聚相关概念界定及其理论基础

第一节　相关概念界定

为了准确地对生产性服务业集聚的相关问题进行定性和定量描述，必须明确界定生产性服务业及生产性服务业集聚的概念。

一、生产性服务业的概念

（一）生产性服务业的内涵

生产性服务业（producer services）又被称为生产者服务业，与消费性服务业相对应。该概念最早于1966年由美国经济学家格林菲尔德（Greenfield）提出，他从服务对象的角度对生产性服务业进行了定义，认为生产性服务业与消费性服务业的本质区别在于生产性服务业主要服务于生产者而消费性服务业则为最终消费者提供服务。1975年布朗宁和辛格曼（Browning and Singelman）在对服务业进行功能分类时又一次提出生产性服务业的概念，他们指出，生产性服务业是具有知识密集型特点的专业服务行业，如金融、保险、法律、经纪、商务等服务行业。综合前两种定义方式，豪威尔和格林（Howells and Green, 1986）同时从服务对象和服务类型两方面对生产性服务业进行了界定，认为生产性服务业是为生产企业提供金融、保险、商务服务（包括广告、市场调研等）和科学服务（如会计、法律和研发服务等）的行业。因此，生产性服务活动涵盖的范围很广，既包含了与信息相关的服务活动（传媒、咨询等）、与实物商品相关的服务（物流、售后维修等），还包含与个人支持相关的服务（保洁服务等）。

与国外相比，国内学者对生产性服务业概念的探讨起步较晚，且多数学者基于服务业对象的视角，将生产性服务业界定为所有为生产环节提供中间服务的产业（郑吉昌、夏晴，2005；钟韵、闫小培，2005；王晓玉，2006；陆小成，2009）。

由于研究视角的差别，国内外学者对生产性服务业的定义并未统一，但普遍认为生产性服务业具备以下不同于其他服务业的显著特点：第一，生产性服务业是一种中间投入。它所提供的服务产品和劳动主要用于满足实物商品和其他服务生产的中间需要。第二，生产性服务业具有较强的产业前向和后向关联性。一方面，生产性服务业与制造业密切相关，它贯穿于产品生产过程上、中、下游的诸多阶段，成为生产制造环节中的"黏合剂"；另一方面，生产性服务业内部各行业之间密切相关，如金融和信息服务，相互之间能够发挥"助推器"的作用。第三，生产性服务业具备资本或知识技术密集型特点。由企业生产服务部门独立派生出的生产性服务业，大多专业程度较高，以人力资本和知识技术为主要投入，是产品和服务高附加值的来源之一。

基于以上分析，本书将生产性服务业界定为：在生产过程的不同阶段提供配套服务的具有知识、技术或资本密集型特点的中间投入服务行业的总称，它是现代服务经济体系中最具活力、增长最快的部门。

(二) 生产性服务业的外延

国内外学术界对生产性服务业内涵界定上的不统一导致了该行业外延的不确定性。同时，大多数服务行业既提供消费者服务又提供生产性服务，这使得生产性服务业的外延更加难以界定。世界各国、各种机构，以及许多学者对生产性服务业涵盖的行业范围进行了探讨，本书选择有代表性的，整理列示于生产性服务业分类中（见表1-1）。

表1-1　　　　　　　　　　生产性服务业分类

机构或作者	范围
联合国国际标准产业分类（ISIC Rev.4）	运输和仓储、信息和通信、金融和保险活动、房地产活动、专业和科技活动、行政和支助服务活动、教育
OECD公布的历年投入产出表	批发贸易及零售、交通及仓储、通信业、金融保险业、房地产及商务服务业
美国人口普查局（US Census Bureau）	批发贸易、运输和仓储、信息、金融保险、不动产和租赁、专业和科技服务、公司和企业管理、行政保障及水管理
美国商务部	商业及专门技术（如电脑、工程、法律、广告及会计服务）、教育、金融、保险、电子传讯、外国政府
英国标准产业分类（SIC）	批发零售业、废弃物处理业、货运业、金融保险、广告、研究开发、贸易协会
德国	运输、仓储、销售及管理研发等
日本EMI	管理服务、医疗、休闲、家政相关服务
Browning & Singelman（1975）	金融、保险、会计、法律、决策咨询、开发设计、研究开发、市场营销、产品维修、运输、仓储和通信服务等
Howells & Green（1986）	保险、银行、金融、其他商务服务业（如广告和市场研究），以及职业和科学服务（如会计、法律服务、研究开发）等行业
Coffey & Bailly（1992）	工程服务、咨询、会计、设计、广告
Beyers（1999）	金融保险、法律服务、设计、科研、广告、咨询、计算机服务、会计、建筑服务及以商业或政府为市场的其他服务业

续表

机构或作者	范围
Paddison（2001）	金融、法律、一般管理事务、创新、开发、设计、管理、人事、生产技术、维护、运输、通信、批发零售、广告、企业清洁服务、安保和储存等
Bryson & Daniels（2007）	法律、会计、市场调研、技术咨询等特色部门或企业
Gregory et al.（2009）	会计、广告、金融、销售、研发等
台湾地区（2000）	国际贸易、运输仓储、通信、银行、保险、工商服务（含经纪、法律）、机械及租赁设备业
香港贸易发展局	专业服务、信息和中介服务、金融服务、与贸易相关的服务
中国"十二五"规划纲要（2010）	金融、现代物流、高技术服务、商务服务
中国加快发展生产性服务业促进产业结构调整升级的指导意见（2014）	研发设计、第三方物流、融资租赁、信息技术服务、节能环保服务、检验检测认证、电子商务、商务咨询、服务外包、售后服务、人力资源服务和品牌建设
薛立敏等（1995）	国际贸易、水上运输、铁路运输、其他运输仓储、通信、金融、保险、经纪、法律工商服务、设备租赁
边泰明（1997）	国际贸易、运输、仓储、通信、金融、保险、不动产服务、法律会计、顾问服务、资讯、广告、设计
刘志彪（2001）	金融、工程技术、法律、广告、管理咨询、批发仓储运输、信息、教育培训等服务
钟韵、闫小培（2003）	金融保险、房地产、信息咨询、计算机应用、科研综合技术等
程大中等（2006）	金融服务、专业服务、信息服务、其他服务（如教育服务、生产性政府服务）
方远平、闫小培（2008）	金融、保险、房地产、事务所、信息咨询与代理业、计算机综合服务、科学研究与综合技术服务等
盛龙、陆根尧（2013）	交通运输、仓储及邮政业、信息传输、计算机服务和软件业、金融业、租赁和商务服务业、科学研究、技术服务和地质勘探业

资料来源：根据相关文献整理而得。

对表1-1国内外机构或学者的分类进行概括，可以得出生产性服务业的主体行业为金融、保险、现代物流、信息技术服务和商务服务等行业。然而，对生产性服务业的外延进行精确界定，需要采用Momigliano和Siniscalso精确法[1]，借助投入产出表通过统计方法将服务业中用于中间需求的部分提取出来，认定为生产性服务业。但是，一方面该方法对数据要求太高；另一方面中国目前投入产出表的编制频率为每隔5年一次，时效性较差。

因此，本书在进行实证研究时，兼顾生产性服务业内涵和数据可得性，将生产性服务业外延界定为广义生产性服务业，主要包括交通运输、仓储和邮政业，信息传输计算机服务和软件业，金融业，租赁和商务服务业，以及科学研究技术服务和地质勘探业五大行业。

二、生产性服务业集聚的概念

（一）产业集聚与产业集群

集聚（agglomeration）用于描述事物的空间集中过程，产业集聚（industrial agglomeration）则被定义为某个产业在特定区域内的高度集中趋势。产业集聚概念首次出现于韦伯的《工业区位论：区位的纯理论》（1909）一书中，他指出产业集聚是各种因素的集中，以及彼此相互作用所带来的成本节约和经济收益增加驱动下的产业集中[2]。而克鲁克曼（1992）认为，产业集聚就是大量的产业集中[3]。于是，从经济地理学的角度上看，产业集聚的本质是某个产业或产业资本要素在特定空间范围

---

[1] 杨玉英：《我国生产性服务业影响因素与效应研究——理论分析与经验证据》，吉林大学博士学位论文，2010年。

[2] ［德］阿尔弗雷德·韦伯：《工业区位论：区位的纯理论》，李刚剑、陈志人、张英保译，北京：商务印书馆1997年版。

[3] Krugman P R. Increasing Returns and Economic Geography. *The Journal of Political Economy*, 1991.

内不断汇聚的动态过程。

产业集群（industrial cluster）是一种与产业集聚密切相关的经济地理现象，二者在概念理解上容易混淆。产业集群概念由波特（1990）提出，用于描述集群现象，认为特定区域内，具有交互关联性的企业、供应商、相关产业的厂商及其他相关机构等组成的群体即可成为产业集群[1]。王缉慈（2010）认为，产业集群是在地理上邻近且相互关联的公司和机构，它们之间具有共生性或互补性。另外，她进一步将产业集群分为狭义和广义两种，认为狭义的产业集群是以中、小企业为主的地方生产系统，其特征是内部行为主体的结网和互动，主要体现产业集群的组织形态；广义的产业集群则包括低成本产业集群、大企业为核心的产业集群、产业知识和技术集群，更多体现由产业集群带来的优势效用[2]。

因此，由上述定义可以看出，产业集聚与产业集群是既相互联系又相互区别的两个概念。产业集聚侧重于说明同一产业在特定地理区域内相互集中的动态过程，而产业集群则指的是多个产业、多种类型机构间相互配合、分工协作，从而相互融合、联结成的共生体。假如产业在特定区域中集聚，但相互之间并不存在内在联系，就不能称之为产业集群。因此，产业集聚是产业集群的基础，产业集群是产业集聚发展的最终目标，换言之，产业集群一定由产业集聚发展而来，但并非所有产业集聚都能发展成为一个产业集群。

（二）生产性服务业集聚的内涵及特征

根据上文对产业集聚概念的界定，生产性服务业集聚可以被定义为生产性服务企业在特定地理区域内大量集中的过程。

---

[1] [美]迈克尔·波特：《国家竞争优势》，李明轩、邱如美译，华夏出版社2002年版。
[2] 王缉慈等：《超越集群——中国产业集群的理论探索》，科学出版社2010年版，第6页。

关于生产性服务业集聚的内涵，学术界进行了大量讨论，归纳起来，可分为两个层面：一方面指在特定区域内，为生产企业提供配套服务的处于同一产业链上、中、下游的具有合作关系的多种中间投入服务行业的高度集聚，即异种行业的集聚；另一方面指某一生产性服务行业中生产同类服务产品的具有竞争关系的企业和机构在特定空间上的集聚，即同种行业的集聚。生产性服务业集聚发展至一定规模后，与所在区域的地理、人文环境和其他产业相互融合，最终形成以生产性服务企业为核心的，相关生产生活配套设施齐全的生产性服务集群，即生产性服务集聚区。

由于生产性服务业的特征，如为生产企业服务，高度资本或知识密集性等，生产性服务业集聚既具有产业集聚的共性，又具有一些特性，与传统制造业集聚之间存在一定区别。

首先，从区位选择上看，生产性服务业多以产业链上的生产企业为核心进行集聚或集聚于城市中心区域。一方面，由于生产性服务业服务的中间投入的特性，在一个处于中心地位的大型生产企业的周围，各类生产性服务业中小企业极易产生集聚；另一方面，由于信息科技的高度发展，生产性服务企业能够与制造业相互分离，于是具有知识技术密集型特点的生产性服务行业则会向高素质人才较集中、信息技术较发达的中心城市聚集。

其次，从集聚目的来看，相对于制造业多为了节约成本（要素本身成本、要素组织成本、要素交易成本）而产生的集聚，生产性服务业侧重于通过集聚获得收益剩余，即通过集聚共享市场资源、开发潜在的市场需求、形成互补满足市场需求，从而获取更多收益。

再次，从集聚内部结构来看，制造业除同类企业集聚外，基本上是产业链上下游企业的集聚，而生产性服务业除以上两种集聚组织结构外，还存在互补关系的集聚，如物流业与保险业、银行业与证券业的集聚。

最后，从各行业差别来看，制造业各行业均存在较高的集聚倾向，但对生产性服务业而言，行业间集聚水平差别较大，有些行业会朝着空间分布均匀的方向发展。

第二节 生产性服务业集聚的形成机理

服务经济发展过程中，生产性服务业向大中城市聚集的现象越来越普遍，这种产业非均衡分布现象的背后，是否存在某些因素的推动作用？这些因素的作用机制如何？为了回答这些问题，本节将对生产性服务业集聚的形成机理进行深入探讨。生产性服务业集聚是多种动因交织的产物，大致可将它们分为外生机制和内生机制。

一、生产性服务业集聚的外生机制

生产性服务业集聚形成和发展的外生动力机制主要来源于外部环境及政府调控的影响，具体可以表现为经济结构调整、区域创新环境、政府引导等。

（一）经济结构调整

现如今，全球经济结构正在发生深刻变化，人类在先后经历了农业经济、工业经济社会后，进入了服务型经济时代。世界银行统计数据显示（表1-2），从世界平均水平来看，1990年服务业产出占GDP的比重已经达到61%，2011年该比重上升至70%；高收入国家服务经济发展较早，1990年服务业产出占GDP的比重就高达66%，2011年比1990年上升8个百分点；中高、中等及中等偏低收入国家服务经济起步较晚，但发展速度比高收入国家更快，1990~2011年，它们的服务产出增长占比都超过9个百分点,2011年服务业产出水平占到了GDP的一半以上;低收入国家服务经济不仅起步较晚而且发展速度较慢,但是2011年这些国家的服务产出占比已增加至49%。可见,全世界范围内普遍出现逐渐向服务型经济转变的经济结构调整趋势,且国家发达程度越高,服务业占GDP的比重越高。

表1-2　　　　　　世界按收入等级分服务业占GDP比重　　　　　　单位:%

分类	1990年	2011年
世界	61	70
高收入国家	66	74
中高等收入国家	45	54
中等收入国家	44	53
中低等收入国家	43	52
低收入国家	44	49

资料来源:世界银行业数据库(WDI)。

全球服务经济发展和产业结构调整极大地促进了生产性服务业集聚的形成。从国外生产性服务业集聚的经验来看,多数生产性服务业集聚都是工业转移的结果。工业的衰退释放了大量就业人口,它们迅速向服务业转移,为服务业发展提供了所需的人力资本储备。随着工业经济向服务经济转变,一大批工业企业开始调整原有的生产模式,着力于进行研发和技术创新,重点发展具有知识密集型特点的"高精尖新"工业,传统工业逐渐向生产性服务业转变,实现产业融合,推动了生产性服务业集聚区的建立。

(二)区域创新环境

区域创新环境是吸引生产性服务企业集聚发展的重要外在因素之一。区域创新环境是指在一定地理范围内,创新主体(生产和服务企业、研究与开发机构、高等院校、政府机构等）通过协作而建立的社会关系，分为硬环境和软环境。硬环境主要指基础设施环境，而软环境包括文化环境、制度环境和学习环境。

生产性服务业具有高度专业化和知识密集型特点，因此，图书馆、公共信息服务等区域创新硬环境的建设对生产性服务业集聚的影响重大。这些基础配套设施建设的完善，不仅能够直接创造新知识、新技术，还可以形成技术成果共享机制，通过知识外溢增强生产性服务业集聚效应。

区域创新软环境对生产性服务业的集聚和发展同样至关重要。从区域文化环境上看，区域社会的文化理念会对区域内企业的诚信体系，行为主体的创新精神造成直接影响。在开放的文化环境中，富有创新精神的行为主体基于信任的合作关系进行交流，能够加快新知识、技术的溢出速度，对生产性服务业集聚产生积极作用。从区域制度环境上看，合理的制度政策能够维护企业间的稳定合作关系，保证资源的高效配置，激发出人类的创造性，还能够抑制行为主体交往过程中可能出现的投机和过度竞争行为，为生产性服务业集聚的持续健康发展提供保障。从区域学习环境上看，学习是技术创新的源泉，在良好的学习环境中，一方面，企业自身的创新能力能够得到发展；另一方面，企业能够快速接收来自其他相关企业的知识外溢。因此，良好的学习环境能够产生类似"黏合剂"的作用，将众多生产性服务企业整合起来，形成集聚。

（三）政府引导

在生产性服务业的集聚过程中，政府的引导作用不容忽视。

一方面，地方政府的扶持政策为生产性服务业在该地区的集聚构建了先决条件。为了吸引生产性服务企业在某地区进行集聚发展，地方政府除了针对该行业企业制定一系列融资、税收方面的优惠政策外，可以同时开展各种专业培训、提供信息咨询，为该行业的发展提供智力支持。政府的地理规划指导也是促进生产性服务业集聚发展的重要原因。地方政府应综合考虑当地的人文、地理、经济环境等因素，对生产性服务业集聚进行区域划分，因地制宜建立服务产业集聚区，使生产性服务业与相关产业和经济社会环境进行融合，以充分发挥集聚优势。

另一方面，政府通过一定监督和管理手段，能够对市场进行调节，尽量弥补自由市场存在的缺陷。一是生产性服务集聚可能会产生负外部性，具体表现为以下几个方面。同类企业的过度竞争：同行业集聚是生产性服务业集聚类型的一种，同类企业在某个区域内的高度集聚必然会引起竞争，一旦这种竞争得不到有效引导，极有可能扰乱集群内部的正常秩序，引起价格的不正常波动和服务质量的下降，最终损害整个集群的利益；信息不对称问题：生产性服务业集聚过程中可能存在信息不对称现象，这对资源的有效配置和产业竞争力的提高会产生一定负向影响；垄断的形成：集群内部容易出现各种各样的垄断行为，这会破坏充分竞争的市场环境，阻碍集聚的持续健康发展。以上这些负外部性问题难以依靠市场调节得到解决，因此，需要政府的适当介入，有效的政府监管能够避免这些问题的产生，从而促进生产性服务业集聚的可持续发展。二是政府有能力帮助生产性服务企业实现与大市场的快速对接。对市场需求变化的高度敏感，是生产性服务企业生产的基础，政府能够通过搭建信息平台、举办专业技术交流会等手段，提高生产性服务企业与市场的对接度，从而吸引生产性服务企业向规划园区进行集聚。三是政府能够通过推动区域品牌建设来促进生产性服务业的集聚发展。政府可以在集聚区制定品牌经营战略，引导生产性服务企业进行品牌建设，而形成的品牌效应能够进一步吸引相关企业进入，扩大生产性服务业集聚效益。

二、生产性服务业集聚的内生机制

生产性服务业集聚的内生机制是生产性服务业集聚的内在动力，主要表现为分工与合作、外部经济与规模经济、产业价值链与协同发展和技术创新与知识溢出四个方面。

（一）分工与合作

分工与合作是生产性服务业集聚产生的经济学动因。专业化分工能够提高生产效率，其一，分工促使生产者的专业化程度提高，大幅减少了掌握生产技能的时间，相对延长了生产时间，并且长时间从事一种工作能够更好地积累经验，整体上提高生产效率。其二，专业化分工对单个生产过程进行了简化，于是，能够用机器生产代替手工劳动，进一步提高生产效率。然而，如何将专业化分工后的单一生产过程进行整合，是社会分工后遇到的首要问题，即分工协作问题。尤其是在市场需求多样化的情况下，单个企业不可能且没有必要包揽生产的各个环节，企业间的分工协作显得愈加重要。合作交易必然会产生交易费用，随着交易的频繁发生，交易成本成为企业生产中的主要中间投入之一。企业的地理位置越分散，交易成本必定越高，因此，为了降低交易成本，企业会在空间上进行集聚。

生产性服务业是在社会分工过程中由制造企业的生产服务部门独立分离而来。制造企业为了提高其核心竞争力，会通过服务外包的方式与生产性服务企业进行合作，将生产过程中的中间服务流程交给生产性服务企业完成。生产性服务企业通过与核心制造企业合作，满足了制造企业相对固定的服务需求，为了降低交易费用，同时降低道德风险和逆向选择发生的可能性，它们会在核心制造企业周边形成综合化集聚。另外，集聚区内部的生产性服务企业通过共享公共设施又能够在一定程度上降低生产成本。

综上所述，专业分工和合作能够提高生产效率，降低交易费用，进而促进生产性服务业集聚。

(二) 外部经济与规模经济

"外部经济"概念最早由英国经济学家马歇尔提出，他认为外部经济是指"一个经济主体的行为对另一个经济主体的福利所产生的影响，而这种影响并没有通过货币或市场交易反映出来[①]"。同时，他指出"外部经济往往能因许多性质相似的小企业集中在特定的地方而获得"。根据马歇尔的观点，企业在某一特定地理区域的集聚主要是为了获得外部经济，即外部经济是产业集聚产生和发展的内在动力。

生产性服务业集聚的外部经济能够产生规模经济效应。生产性服务企业提供生产性服务需要依靠供水、供电、城市基础设施、交通、通信等公共设施的保障，而这些公共物品的投入很难由某个或少数几个企业承担。因此，聚集在一起的大量生产性服务企业，会共享许多公共基础设施，而这些基础设施的投入与规模无关，随着生产性服务企业群体规模的扩大，基础设施服务的平均成本会不断降低。那么假设总收入不变，成本的降低使得生产性服务企业的收益增加，产生了规模经济效应。这种外部规模经济效应还具有强集聚性，即一旦某地理区域内出现生产性服务业集聚，这种外部规模经济会吸引区域外的相关企业进入该区域，从而促进该区域内集聚规模的进一步扩大，实现良性循环，产生更大的外部经济效应。

除降低成本产生规模经济效应外，生产性服务业集聚的外部经济还表现在共享劳动力市场上。马歇尔指出"雇主们往往会向具有许多专业

[①] Marshall A. Principles of Economics (18th edition), *London*, 1961.

技能娴熟的工人的地理区域集中,同时,正在求职的具有专业技能的工人也会向有许多雇主的地理区域集中[①]。"生产性服务业的人力资本密集型特点,决定了它对专业性人才的需求远胜于其他产业。某地区生产性服务业聚集在一起,产生了对专业人才的巨大需求,并且由于对专业人才的重视,该区域内企业能够提供高水平的劳动报酬,吸引大量专业人才在该区域内集中,而专业劳动供给的增加又成为生产性服务企业向该地区集聚的动力。一方面,大规模的劳动力共享节约了企业对人力资源的搜寻成本、培训时间和实际工资成本。另一方面,人才流动成本的降低,能够优化人力资本配置。因此,专业劳动力市场的共享是生产性服务业集聚形成和发展的重要动因之一。

(三) 产业价值链与协同发展

产业价值链由各产业部门一系列连续的价值创造活动构成,它们之间基于一定技术经济联系,形成链条式的关联形态。根据产品生产的业务流程,产业价值链由上中下游三个环节组成:上游环节为市场研究、技术开发、原材料采购等;中游环节为产品制造和加工、生产线管理等;下游环节为产品营销、物流支撑及售后服务等。可以看出,中游环节是制造业企业的生产核心,而上下游环节则为生产性服务业的业务范畴。生产性服务业与制造业同在一条产业价值链上,紧密联系在一起,共同创造产品价值。随着全球经济逐步向服务经济转变,实物制造的差异变得越来越小,产品差异主要来源于知识、技术密集的生产性服务活动,因此,专业性生产服务对产品增值的贡献越来越大。

随着产品分工的不断细化,产业价值链不断延伸,并且价值链上的各环节显示出一种相互集聚、协同发展的趋势。一方面,产业关联性越强,相应的资源配置效率越高,而且对产业价值链上各个环节进行整合

---

① Marshall A. Principles of Economics (18th edition), *London*, 1961.

能够有效降低产品或服务生产过程中的相关成本,获得成本优势,吸引其他企业加入价值链中,形成集聚趋势。另一方面,最初在产业价值链上的生产性服务企业对新知识、新技术的探索,会吸引专业技术人才或培训机构向该地区集聚,因此在该区域内具有生产性服务业集聚所必需的资本、技术、人力资源和价值链上下游关联企业的巨大服务需求,这些优势降低了生产性服务企业进入该地区的门槛和经营风险,产业价值链进一步拉长,催生了生产性服务业集聚。

产业价值链上的企业通过集聚发展能够形成品牌效应,通常称之为区位品牌,这种区位品牌效应是提升区域生产性服务业集聚力的重要因素。其一,集聚区内企业获取区位品牌效应所需的成本远远低于单个企业建立品牌需要的成本。成本的降低可以给企业带来更多收益。其二,区位品牌具有外部效应,既能够帮助企业开拓市场,有利于企业自身发展,又有助于提升集聚区的整体形象,进一步吸引更多生产性服务企业进入。

(四)技术创新与知识溢出

当今社会,在"过剩经济"的背景下,为了满足消费者对产品和服务的多样化需求,创新成为产业发展的新引擎,尤其是对知识技术密集型的生产性服务业而言,创新更是该产业不断发展的内在驱动力。而大量研究表明,近距离的、面对面的直接交流,是获取新知识,提高创新能力的重要渠道。因此,对技术创新的迫切需要,成为生产性服务业集聚形成的又一重要动因。

创新是生产性服务业集聚形成和发展的动力核心,可以表现为两点:第一,生产性服务业集聚能够形成技术外溢,而技术外溢又推动了生产性服务业的持续发展。生产性服务企业之间位置越接近,彼此的交流越频繁,一方面能够在竞争和合作的过程中激发出企业自身的创造力;另一方面通过企业之间的相互交流,构成一种集体学习环境,能够推动新知识、新技术的加速溢出，保证了创新的传播和交换，促进了学科交叉和产业融合，不断创造出新产品，能够满足消费者的多样化需求，对消费市场进行拓展。这些由于知识外溢带来的优势又反过来推动了生产性服务业的进一步集聚。第二，新企业的快速诞生和成长，是扩大生产性服务业集聚的另一重要表现。随着生产性服务业集群的扩大及技术创新带来的产品更新换代，中间投入需求也在不断扩张，促进了新企业或者新行业的诞生。而且，集群内设施完备，人力资源和资产储备充足，新企业进入门槛和经营风险都较低，因此，技术创新进一步引起了生产性服务业集聚的扩张。

第三节 生产性服务业集聚演化过程

生产性服务企业受到外在和内在因素的共同作用，按照一定产业价值链标准，在特定区域内相互集聚、共同协作，以期达到共同发展的目的。生产性服务业集聚区是一个复杂的系统，但如同自然界中在一定食物链下共同生存、协同进化的不同生物群落一样，生产性服务业集聚的演化和发展也遵循生态学的基本规律。

在1982年纳尔逊和温特（Nelson and Winter）提出的经济演化论[①]的基础上，相关理论研究又从不同角度对产业集聚的渐进系统演化过程进行了验证。例如，波特认为，产业集聚的演化将依次经历萌芽、演进、衰落三个阶段，并且他在研究中还对产业集聚的良性循环及其分解进行了说明。因此，在已有研究的基础上，结合生命周期理论，本书认为，生产性服务业集聚具有类似于生物种群的发展演进过程，这个过程包含四个阶段，由低级至高级依次为萌芽、成长、成熟和衰退（图1-1）。萌芽期指

---

① 纳尔逊、温特：《经济变迁的演化理论》，胡世凯译，商务印书馆1997年版。

的是生产性服务业集聚的形成时期；集聚形成以后首先经历一个快速成长期；而后进入成熟期，集聚发展趋于稳定，集聚产生的经济效应将向外围扩散，进一步增强对生产性服务企业的集聚力；最后由于资源限制、竞争加剧、技术瓶颈等问题的产生而进入衰退期。不同时期，生产性服务业集聚特点存在较大差别。

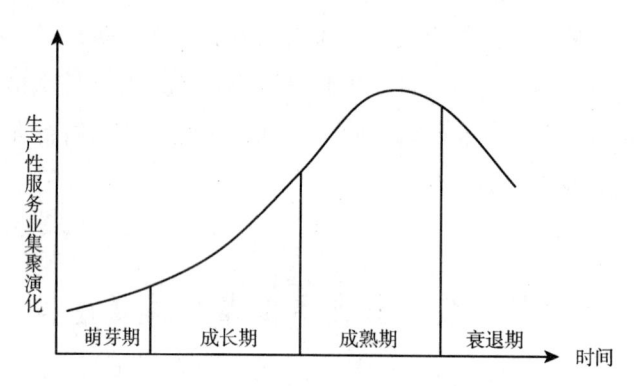

图1-1 生产性服务业集聚演化过程

一、生产性服务业集聚萌芽期

特定区域内生产性服务业的集聚源于最早进入该区域的少数几个核心服务企业。一方面，这些企业创新意识较强，富有创业精神，进入该区域后积极开展经营活动，主观能动性较强。另一方面，这些企业最早进入该区域，虽然面临着陌生环境和技术匮乏带来的创业风险，但是也能够获得一些有利的客观条件，如它们可以独享区域内的自然资源、劳动资源，独占需求市场。因此，这些核心企业极有可能获得成功，取得较好的经济效益，产生较大的社会影响。一旦它们获得成功，便会吸引更多区域外的企业进入区域内部，初步形成生产性服务业集聚。

在集聚形成初期，生产性服务业集聚比其他产业集聚更具优势。生产性服务业的创业资本相对较少，进退机制相对灵活，与其他产业相比，它的带动和示范作用明显，产生的区域集聚力较强。而且随着经济转型的不断推进，生产性服务业在产业结构调整方面发挥的积极作用，势必引起地方政府和规划部门的广泛关注，于是，为进一步壮大区域内生产性服务业的规模，促进区域经济协调发展，政府部门会实施一系列有针对性的扶持政策，为生产性服务业集聚提供了良好的政策环境。

综上分析可知，在生产性服务业集聚形成的初始时期，区域内生产性服务企业可以看作是市场的追随者，它们为抢占市场形成集聚，各企业间相对较为封闭，彼此间基本不存在关联。这个时期生产性服务业的集聚是单纯的企业在空间上的集中，但是，由于生产性服务企业的带动示范作用较强，结合资源和政策环境上的优势，生产性服务业集聚的吸引力已经开始显现。

二、生产性服务业集聚成长期

集聚区内核心生产性服务企业的经营状况良好，为了获得高额利润，它们会通过扩大生产规模来抢占市场份额，于是，集聚区内逐渐形成企业内部规模经济效应。在规模经济效应的"磁力"作用下，区域外大量生产同种服务产品的生产性服务企业，以及同一产业价值链上的上下游企业纷纷涌入集聚区，生产性服务业集聚规模开始迅速扩张，集聚进入成长期。在这一发展阶段，集聚区内企业数量大幅增加，服务业从业人员数急剧上升，服务产品的市场占有率增速加快，生产性服务业在区域内的重要程度提高，集聚区成为区域产业发展的新兴地区。

在集聚成长时期，企业集聚既包括同种行业集聚（生产同一产品企业的集聚）又包括异种行业集聚（在同一产业价值链上相互关联的不同行业企业的集聚）和相关支撑机构的集聚。集聚不再是简单的空间上的集中分布，企业间、行业间的交流越来越频繁，一方面，同行业企业相互模仿、学习，成立行业协会，促进行业共同进步，知识溢出效应明显；另一方面，不同行业企业间开展合作交流，互惠互利，相得益彰。这种区域内部的交流合作，使专业化分工不断明确和深化，生产性服务业集聚区内部开始形成较完整的产业链，企业间的竞争关系也开始显现。竞争初期，可以促使企业努力开展技术创新活动，不断提升自身竞争力，并通过知识溢出带动区域产业的全面升级。

综上分析，生产性服务业集聚的成长期是集聚发展速度最快的时期，集聚区内企业的内部规模效应产生了强大的吸引力，集聚规模扩张迅速。企业间交流频繁，知识溢出效应明显；专业化分工明确，形成了比较完整的产业链；提高了生产效率，降低了产品成本；外部规模经济效应开始显现，集聚吸引力进一步增强（图1-2）。

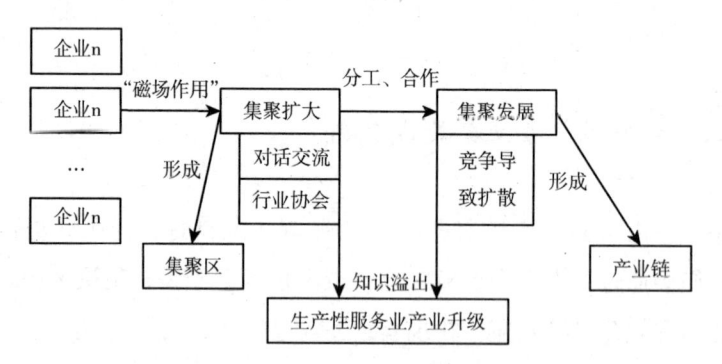

图1-2 生产性服务业集聚成长过程

三、生产性服务业集聚成熟期

进入集聚成熟期，集聚发展趋于稳定，集聚区内企业数量、就业规模、市场占有率的增速放缓。随着配套产业链体系的不断完善，区域内企业间的横向（同种行业）和纵向（异种行业）联系更加紧密。关联企业间竞争和合作关系并存，交织成为一个坚实、稳定的网络结构。这种生产性服务业集聚网络框架是成熟期集聚经济效应的基础，主要由现代物流、信息技术、商务服务，以及金融服务等行业及其产业链体系构成。

生产性服务业集聚成熟时期，市场已接近饱和状态，创新成为集聚高效益和竞争优势的主要来源。区域创新系统和集聚网络框架促进了集聚区内创新能力的提升及技术创新的迅速扩散。区域内企业采取自主创新或者对其他企业的知识溢出进行模仿后进行二次创新的方式推动了产品升级，保持了集聚区内产品多样性、生产低成本性、创新活跃性的竞争态势。但是，与集聚成长期相比，进入集聚成熟期后，区域内合作不断增多，集聚区内关联企业和机构通过互补合作相互联合，能够创立区位品牌，开拓外界市场，获得区位品牌优势效应，发挥出集群整体的外部规模经济效应，促进集聚区内部企业的发展。

由以上分析可以看出，当生产性服务业集聚进入成熟期后，集聚规模扩张速度将持续放缓，并且集聚区内企业数量将达到最高水平。区域内企业和机构将形成相互依存的网络结构关系，通过相互合作进行技术创新或二次创新，形成明显的外部规模经济和外部范围经济，推动集群发展（见图1-3）。

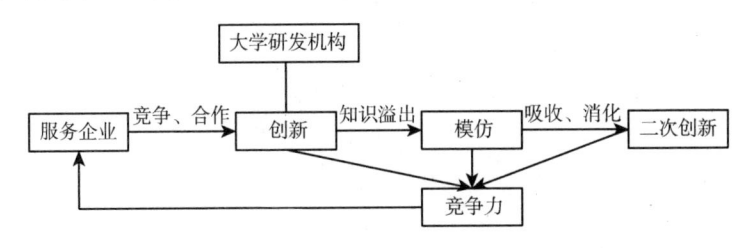

图1-3 成熟期生产性服务企业创新过程

四、生产性服务业集聚衰退期

经过成熟期的发展，生产性服务业集聚的衰退可能由多方面因素造成：第一，维系集聚竞争力的技术创新遭遇严重瓶颈，尤其是自发的知识溢出引起的"搭便车"现象越来越严重，会使得创新失去动力，继而导致企业生产成本上升、利润下降；第二，集聚区内企业竞争加剧，可能出现恶性竞争，集体效率优势会被削弱，集群的区位品牌形象受到损害；第三，区域外部出现更具竞争优势的同类集群，群内企业不断向外转移，集群规模逐渐缩小，集聚的核心竞争力下降甚至消失；第四，经过集聚成熟期的发展，区域内资源消耗殆尽，受到资源枯竭等因素的影响，与生产性服务企业位于同一产业链上的制造业会纷纷推出集聚区的辐射圈，从而引起集聚区市场的萎缩，造成生产性服务业集聚的衰退。

因此，受到这些因素的影响，集聚区域的"磁力"作用逐渐消失，区域外的企业失去进入集聚区的动力，区域内的企业经过权衡利弊后向外转移，于是生产性服务业集聚进入衰退期，区域内企业数量不断减少。

生产性服务业集聚经历一个生命周期后，如果出现重大技术创新，或者受到外部市场积极影响加入全球价值链，集聚区内企业将获得重大回报，该生产性服务业集聚区仍有机会重新振兴，进入下一个发展周期，否则将被新集聚区所取代。

本章小结

本章首先对生产性服务业的内涵和外延进行界定，并在此基础上介绍了生产性服务业集聚的内涵；其次分析了生产性服务业集聚的形成机理，对生产性服务业集聚的内生和外生机制进行了介绍；最后结合生命周期理论，对生产性服务业集聚的动态演化过程进行了说明。

第一，生产性服务业的内涵及外延。生产性服务业是在生产过程的不同阶段提供配套服务的具有知识、技术或资本密集型特点的中间投入服务行业的总称。兼顾生产性服务业内涵和数据可得性，本书将生产性服务业外延界定为广义生产性服务业，主要包括交通运输和邮政业，信息传输、计算机服务和软件业，金融业，租赁和商务服务业，以及科学研究技术服务和地质勘探业五大行业。

第二，生产性服务业集聚的内涵。生产性服务企业在特定地理区域内大量集中的过程被称为生产性服务业集聚。归纳起来，生产性服务业集聚的内涵体现在两个层面：一方面指在特定区域内，为生产企业提供配套服务的处于同一产业链上、中、下游的具有合作关系的多种中间投入服务行业的高度集聚，即异种行业的集聚；另一方面指某一生产性服务行业中生产同类服务产品的具有竞争关系的企业和机构在特定空间上的集聚，即同种行业的集聚。

第三，生产性服务业集聚的形成机理。生产性服务业集聚形成和发展的动力来源于内外两方面，这两方面动因相互联系、相互影响，共同促进了生产性服务业集聚的产生和持续发展。内外动因对生产性服务业集聚的影响可以概括如下：经济结构调整和区域创新环境是外部条件；政府引导是支撑力量；产业价值链是基础；外部经济是原动力；技术创新是核心。

第四，生产性服务业集聚的动态演化过程。生产性服务业集聚具有类似于生物种群的发展演进过程，由低级至高级依次为萌芽期、成长期、成熟期和衰退期。不同时期，生产性服务业集聚特点存在较大差别：萌芽期，生产性服务业集聚纯粹是企业在空间上的集中，彼此间基本不存在关联；成长期，生产性服务业集聚发展速度最快，集聚规模扩张迅速，企业间交流频繁，知识溢出效应明显；成熟期，生产性服务业集聚发展趋于稳定，集聚规模扩张速度将持续放缓，企业数量将达到最高水平，集聚产生的外部规模效应明显；衰退期，由于资源限制、竞争加剧、技术瓶颈等问题的产生，生产性服务业集聚进入衰退期，区域内企业数量不断减少。

第二章 中国生产性服务业集聚测度及其动态演化

第一节 中国生产性服务业发展现状

根据上文对生产性服务业统计范围的界定，本节选用中国31个省份2005~2012年生产性服务行业的就业数据，对中国生产性服务业的发展近况进行描述[①]。各地区5个生产性服务行业的就业人口数据主要来源于2006~2013年《中国统计年鉴》中城镇单位就业人口数。

一、生产性服务业总体发展趋势

依据前文分析，生产性服务主要指在其他行业的产品生产过程中所提供的一切保障服务，它链接产品生产的每一个环节，可谓是生产过程中的"黏合剂"，在经济发展中占据重要地位。为了说明生产性服务业相对规模的变化，以及其在经济发展中的重要性，我们绘制2005~2012年全国生产性服务业就业人口占总就业人口比重的时序变化图（图2-1）。

---

① 由于各生产性服务行业的产出数据缺失，本书使用就业数据进行分析。

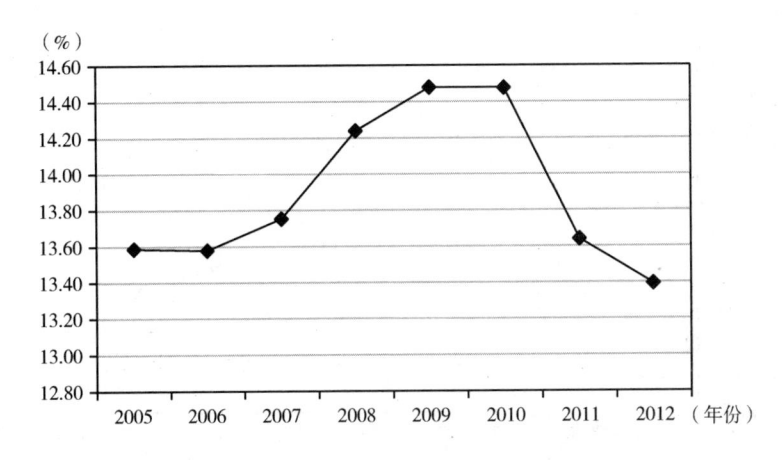

图 2 - 1　2005~2012 年生产性服务业占总就业人口比重

图 2-1 显示，2005~2012 年 5 个生产性服务行业在全部 20 个行业的就业总人口中所占比重均在 13% 以上，并且呈现出先缓慢后快速增长，再快速下降的变化过程。具体来看，2005~2009 年，中国生产性服务业在经济中的比重表现出持续的上升趋势，前 3 年上升缓慢，而后两年发展速度较快，生产性服务业占总就业人口的比重由 2007 年的 13.75% 快速增长为 2009 年的 14.48%，达到 8 年间的最高水平；然而在极值水平上维持 1 年后，生产性服务业占比在两年间快速下降至最低水平（13.39%）。这表明生产性服务业虽然在国民经济中占据重要地位，但其发展波动较大，尤其是近两年来其在经济中的比重具有大幅下降的趋势。

生产性服务业是服务业的重要组成部分。为了更好地对生产性服务业的发展状况进行描述，本书进一步将其与服务业整体进行对比分析。图 2-2 显示出了 2005~2012 年服务业就业人口占总就业人口比重的变化状况。

由图 2-2 可知，2005~2012 年服务业就业人口占比的变化趋势与生产性服务业相比存在一定差异，呈现出先降后升再降的趋势。2005~

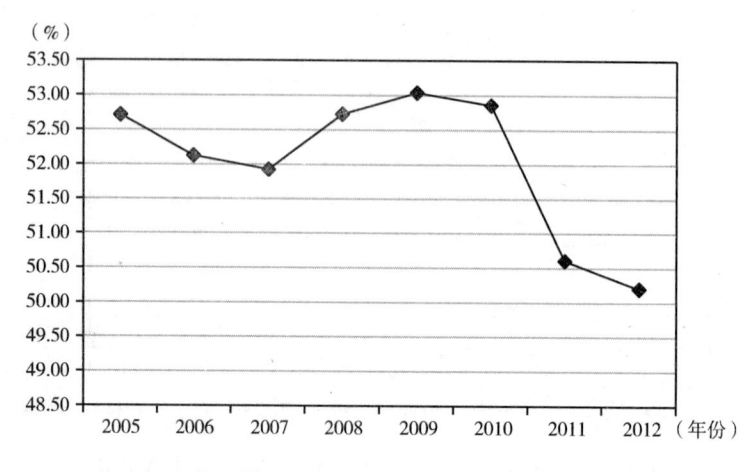

图 2-2　2005~2012 年服务业占总就业人口比重

2007 年生产性服务业处于缓慢发展的过程中，然而服务业在经济中的比重却表现出持续的下降趋势，三年间，服务业整体就业人口占比下降幅度约为 1%。说明 2005~2007 年虽然生产性服务业发展态势良好，但是由于受到与居民生活息息相关的消费性服务业的负面影响，服务业整体出现了发展滞后的现象。其中，由于 2006~2007 年生产性服务业发展速度的提高，服务业整体就业人口占比的下降相应地有所减弱。2007~2012 年服务业整体变化与生产性服务业类似，显示出先升后降的变化趋势，这说明生产性服务业是服务业的重要组成部分，它的发展能够对服务业整体发展产生重要影响。

二、生产性服务业发展的行业特征

生产性服务业包含 5 个服务行业，分别为交通运输业、信息传输业、金融业、租赁和商务服务业、科学研究服务业。这些服务行业特征各异，发展状况也不尽相同。故对各生产性服务行业的发展特点进行比较，进一步探索中国生产性服务业的行业特征，有助于全面了解中国生产性服务业的发展状况。

图 2-3 绘制出了 2005~2012 年 5 个生产性服务行业就业人口占生产性服务业总就业人口比重的时序变化。2005~2012 年中国 5 个生产性服务行业发展特征各异。从发展规模方面来看，交通运输业就业人员数在生产性服务业总就业人口数中所占比重最高，其次为金融业，租赁和商务服务业与科技服务业占比大致相同，信息传输业占比最低。从发展趋势方面来看，2005~2012 年交通运输业发展状态并不理想，该行业就业人员占生产性服务业就业总人数的比重呈现出持续下降的趋势，由 2005 年的 40% 下降至 2012 年的 33%，下降幅度高达 7%；金融业、信息传输业与科技服务业发展状况相对较好，2012 年与 2005 年相比，三者的就业人员数占比皆存在一定增长，增长幅度分别为 3%、3% 和 1%；租赁和商务服务业的发展呈现先上升后下降的波动趋势，2004~2010 年该行业就业人员数占比不断上升，然而在 2010 年比重达最高点（占比为 16%）后又持续下降至 2012 年的 14%，即处于与初始期（2005 年）相同的水平上。

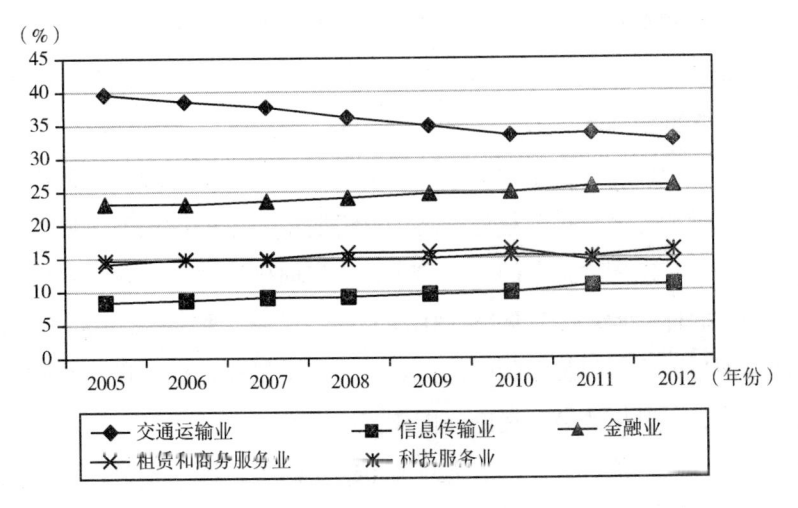

图 2-3 2005~2012 年各生产性服务行业就业人口比重

综上所述，5个生产性服务行业中，交通运输业占据最重要的地位，但是其相对优势正在不断减弱，而金融、信息传输业、科技服务业发展态势良好，在生产性服务业中所占比重逐渐增大。这表明传统生产性服务行业的绝对优势可能逐渐被知识含量较高的现代生产性服务行业取代，故必须不断促进传统生产性服务行业的科技创新，保证各生产性服务行业协调发展。

三、生产性服务业的空间分布特征

上文通过描述生产性服务业整体及各行业的发展趋势，对其在经济发展中的重要地位及其行业特征进行了说明。然而，中国腹地辽阔，各地区资源禀赋差异极大，这必然造成地区间区域经济发展的不平衡，进而导致不同地区生产性服务业发展水平各异。为了进一步分析生产性服务业的区域差异特点即对生产性服务业的空间分布进行描述，本书选取2005年和2012年生产性服务业及其各行业的就业人员数据，对生产性服务业就业的空间分布进行分析。

通过比较分析可以得出，中国生产性服务业在2005~2012年的就业空间分布变化不大，都具有明显的空间集聚特征，生产性服务业主要集中于中国东部沿海省份及个别中西部省份（如河南、四川等），尤其广东、北京、天津就业密集程度最为明显。另外，生产性服务业核心区域的邻接地带就业密集程度相对较高，这说明中国生产性服务业体现出一种由集聚中心向周围扩散的发展趋势，城市间生产性服务业存在着一定的空间关联性，地域化发展特征比较明显。然而，要对中国生产性服务业的空间集聚、空间关联状况及其对区域经济增长的作用进行细致、深入的分析，需要更严谨的理论分析和实证检验。

在了解生产性服务业整体空间分布的基础上，进一步对各生产性服务行业在空间分布上的异同进行了比较。与生产性服务业整体分析一致，5个生产性服务行业都具有在东部沿海地区集聚的现象，并且也呈现出由中心地区向邻近区域辐射的特点。其中,交通运输业、金融业不仅在东部沿海地区,而且在中部地区和西部地区的个别城市集聚现象也极为明显;信息传输业、租赁与商务服务业,除个别东部地区(如广东、浙江、天津)就业集聚程度较高外,其他区域就业集聚程度普遍较低;科技服务业作为科学技术含量较高的新型生产性服务行业,该行业不仅在广东、浙江、天津等东部地区而且在一些中西部省份,如四川、湖北也存在一定程度的空间集聚。

第二节 中国生产性服务业集聚程度测算

生产性服务业集聚是生产性服务业发展过程中的一种高效的组织形式。不同国家受经济发展、文化水平、资源禀赋差别的影响,其生产性服务业集聚状况必然存在一定差异。本章第一节通过描绘就业空间分布发现,中国生产性服务业存在集聚发展的现象,为了进一步深入分析该集聚现象,本节将从整体和分行业两个角度,分全国、区域、省域三个层面对中国生产性服务业的空间集聚程度进行定量衡量。

一、产业集聚测度指标

随着产业集聚现象受关注程度的提高,产业集聚测度指标也在不断优化。目前,主要采用行业集中度、区位熵、空间基尼系数、赫芬达尔指数、空间集聚指数对产业集聚程度进行衡量。

(一)测度指标简介

1. 行业集中度(concentration ratio)

行业集中度指标主要用于测算市场中的行业集中程度。其计算公式为:

$$CR_n = \frac{\sum_{i=1}^{n} x_i}{\sum_{i=1}^{N} x_i} \qquad (2-1)$$

其中，x_i 表示 X 产业中 i 企业的经济指标，如销售额、产值、就业人数等；N 代表整个 X 产业中的企业个数；n 代表 X 产业中主要企业的个数。于是，按照式（2-1）计算得到的指标 CR_n 衡量了主要企业占整个产业的份额，能够反映主要企业在整个产业中的垄断程度，CR_n 越大说明行业集中度越高。

2. 区位熵（location quotient）

区位熵主要用来衡量地区的产业专业化程度。其计算公式为：

$$LQ_{ij} = \frac{x_{ij} \Big/ \sum_{i=1}^{n} x_{ij}}{\sum_{j=1}^{m} x_{ij} \Big/ \sum_{i=1}^{n} \sum_{j=1}^{m} x_{ij}} \qquad (2-2)$$

其中，n 代表产业个数；m 代表区域个数；x_{ij} 代表 j 区域中 i 产业的经济指标值（产值、销售额、从业人数等）。于是，按照式（2-2），指标 LQ_{ij} 计算的是区域 j 中 i 行业占有的份额与全部区域中 i 行业所占份额之比。若 $LQ_{ij} > 1$，则反映出 j 地区 i 行业具有较高的专业化水平，行业集聚程度也较高，反之则专业化水平较低，行业集聚程度较低。

3. 空间基尼系数（spatial gini coefficient）

空间基尼系数最初提出时主要用于测度收入分配的公平程度，目前也用于衡量某产业在不同区域的集聚程度。其计算公式为：

$$G = \sum_{j=1}^{m} (s_j - x_j)^2 \qquad (2-3)$$

其中，s_j 代表 j 地区某产业就业人数占全国该产业就业人数的比重；x_j 代表 j 地区总就业人数占全国总就业人数的比重。于是，$0 < G < 1$，G 越大，说明该产业在 j 地区的集聚程度越高。

4. 赫芬达尔指数 (herfindahl index)

赫芬达尔指数是于 1950 年由 Herfindal 提出的用于测算行业集中度的综合指标，指的是某行业中各市场竞争主体所占行业总收入或总资产的比重的平方和。其计算公式为：

$$H = \sum_{k=1}^{N} \left(\frac{x_k}{x}\right)^2 \qquad (2-4)$$

其中，x_k 表示该行业第 k 个企业的规模；x 表示该行业的市场总规模；N 表示该行业中的企业个数。H 指标值越大，说明该行业集中度越高。但是式（2-4）对数据要求过高，在实际应用中往往加以调整①，即假设每个区域，该产业内的企业规模大小相同，则式（2-4）可变化为：

$$H = \sum_{j=1}^{m} c_{ij} \left(\frac{e_{ij}/c_{ij}}{x_i}\right)^2 = \sum_{j=1}^{m} \frac{1}{c_{ij}} \left(\frac{e_{ij}}{x_i}\right)^2 = \sum_{j=1}^{m} \frac{1}{c_{ij}} s_{ij}^2 \qquad (2-5)$$

其中，m 代表区域个数；c_{ij} 代表区域 j 中行业 i 的企业个数，x_i 代表全国行业 i 的经济指标值；e_{ij} 代表区域 j 中行业 i 的经济指标值；s_{ij} 为 e_{ij} 与 x_i 的比值。由式（2-5）计算的赫芬达尔指数虽不如式（2-4）精确，但并不妨碍对产业集聚度的评估。

5. 空间集聚指数 (ellision-glaeser index)

空间集聚指数又名地理集中指数，为了克服空间基尼系数的缺陷，1998 年 Ellision 和 Glaeser 提出该新集聚指数并对产业集聚程度进行衡量。其计算公式为：

$$\gamma = \frac{G - (1 - \sum_{j=1}^{m} x_i^2) H}{(1 - \sum_{j=1}^{m} x_i^2)(1 - H)} \qquad (2-6)$$

---

① 杨洪焦、孙林岩、高杰：《中国制造业集聚度的演进态势及其特征分析》，载于《数量经济技术经济研究》，2008 年第 5 期。

其中，m 代表区域个数；x_i 代表地区 i 中该产业就业人员数占全国该产业就业人员数的比重；G 代表该行业的空间基尼系数；H 代表该行业的赫芬达尔指数。Ellison 和 Glaeser 通过 γ 的取值大小将产业集聚程度分为低、中、高三大类：当 $\gamma<0.02$ 时，该行业在该地区较为分散；当 $0.02<\gamma<0.05$ 时，该行业在该地区的分布较为均匀；当 $\gamma>0.05$ 时，该行业在该地区的集聚程度较高。

（二）测度指标的比较

从五种产业集聚测度指标的计算方法可以看出，每个指标在选择对象、测度角度及范围上存在一定差别，采用它们对同一地区相同产业集聚进行测度时，不同指标测算结果可能有所不同。因此，为了选择合适的指标进行生产性服务业集聚测度，必须明确各产业集聚测度指标的优点和不足。

通过分析五种产业集聚测度指标的具体计算方法，可以总结它们的优劣如下：

（1）行业集中度指标计算简单，应用型较强，但行业主要企业个数 n 的选择具有较强的主观性，且主要企业个数 n 的确定对该指标而言至关重要。因此，为了保证集聚测度结果的客观可信，本书中国生产性服务业集聚测度中不采用行业集中度指标进行测度分析。

（2）区位熵指标具备目标选择明确，数据收集便捷，计算简便等优点，能够反映特定区域内的产业专业化程度。但由于该指标在计算过程中未考虑企业规模和区域经济发展水平差异性的影响，可能导致指标数据较大的地区，其产业专业化程度不一定很高。例如，某地区某一企业在行业中所占份额很大，那么该地区该行业的区位熵取值很大，并不代表该地区该行业的集聚程度很高。

（3）空间基尼系数对某产业在不同区域的集聚程度进行测算，同样具备简便直观的特点，但与区位熵指标类似，它忽略了企业规模大小的影响，测算结果也可能存在一定偏差。

（4）赫芬达尔指数与行业集中度、区位熵目的一致，侧重于反映行业集中程度，但区位熵指数和空间基尼系数在计算过程中忽视企业规模和地区规模的影响会导致产业集聚测算结果出现偏误，而赫芬达尔指数则考虑到这些影响因素对二者进行了改进，使得测算结果能够相对准确地反映该地区的产业集聚情况。但该指标较前三种测度指标而言，数据要求较高，计算较为烦琐。

（5）空间集聚指数主要衡量产业的地理集中程度，是在空间基尼系数和赫芬达尔指数的基础上，通过组合计算克服空间基尼系数缺陷的又一重要产业集聚测度方法，其指标精度更高，但同样对数据要求较高，计算过程繁复。

根据以上对产业集聚测度指标的比较分析可知，五种测度指标侧重点不一，各有优劣。因此，为了对中国生产性服务业集聚的发展状况进行客观衡量，本书选择除行业集中度（数据选取主观性太强）以外的四种指标进行全面测算，同时说明中国生产性服务业集聚行业特征和区域差异状况。具体而言，根据各指标测算重点，选用区位熵、赫芬达尔指数衡量产业集中程度，选用空间基尼系数和空间集聚指数衡量地理集中程度；根据数据的可得性，选用区位熵进行省域层面状况分析，其余三种指标进行全国及区域层面状况分析。

二、生产性服务业整体集聚状况

由于中国并未公布企业相关经济指标数据，根据数据可得和可操作性，本节选择区位熵、空间基尼系数、赫芬达尔指数和空间集聚指数四种方法，对 2005~2012 年中国生产性服务业集聚程度进行测定。另外，由于缺乏生产性服务业的产值数据，选择就业人数指标进行产业集聚指标测算，就业人数为城镇单位就业人员数，企业个数为法人单位数,数据分别来源于历年《中国统计年鉴》和《中国第三产业统计年鉴》。

(一) 全国层面

2005~2012年,中国生产性服务业赫芬达尔指数、空间基尼系数、空间集聚指数的测算结果,如表2-1所示。

表2-1　2005~2012年中国生产性服务业集聚度的三种测算结果

测度指标	2005年	2006年	2007年	2008年	2009年	2010年	2011年	2012年
赫芬达尔指数(10^{-3})	0.0019	0.0016	0.0015	0.0012	0.0010	0.0009	0.0008	0.0007
空间基尼系数	0.0045	0.0057	0.0066	0.0072	0.0077	0.0084	0.0081	0.0085
空间集聚指数	0.0047	0.0059	0.0069	0.0075	0.0081	0.0088	0.0085	0.0088

中国生产性服务业集聚的赫芬达尔指数水平偏低,且在2005~2012年存在逐年递减的变化趋势,反映出中国生产性服务业的行业集中程度不高。近年来,服务经济的繁荣使得生产性服务行业蓬勃发展,生产性服务企业进入较多,企业间竞争激烈,垄断性的企业集团较难形成,行业集中度水平偏低,且随着生产性服务业市场化程度的不断提高,行业集中水平在逐渐降低。

中国生产性服务业集聚的空间基尼系数($G<0.02$)和空间集聚指数水平($\gamma>0.02$)也较低,但在2005~2012年却都呈现出逐年递增的变化趋势。空间基尼系数和空间集聚指数皆用于衡量产业的地理集中程度,因此,说明虽然目前中国生产性服务业在全国范围内的地理集中程度偏低,但其发展势头良好。

（二）区域层面

为了分析中国生产性服务业集聚的区域差异，我们将全国 31 个省（区、市）划分为东部、东北、中部和西部四大区域，具体划分如表 2-2 所示。

表 2-2　　　　　　　　　中国各区域划分明细

大区域	东部地区	东北地区	中部地区	西部地区
省级行政区域	北京、天津、河北、上海、江苏、浙江、福建、山东、广东、海南	辽宁、吉林、黑龙江	山西、安徽、江西、河南、湖北、湖南	内蒙古、西藏、陕西、甘肃、青海、宁夏、新疆、广西、重庆、四川、贵州、云南

1. 赫芬达尔指数

2005~2012 年各区域生产性服务业赫芬达尔指数如表 2-3 所示。

表 2-3　　　2005~2012 年各区域生产性服务业赫芬达尔指数　　单位：10^{-3}

区域	2005 年	2006 年	2007 年	2008 年	2009 年	2010 年	2011 年	2012 年
东部地区	0.0028	0.0024	0.0022	0.0019	0.0016	0.0014	0.0013	0.0011
中部地区	0.0121	0.0109	0.0099	0.0075	0.0064	0.0058	0.0051	0.0043
西部地区	0.0098	0.0087	0.0078	0.0062	0.0054	0.0049	0.0043	0.0037
东北地区	0.0224	0.0201	0.0184	0.0128	0.0118	0.0113	0.0102	0.0089

分区域进行比较可知，东北地区生产性服务业赫芬达尔指数取值相对较高，中部地区次之，西部地区第三，东部地区最小。另外，从发展趋势上看，与全国层面类似，2005~2012 年四大区域赫芬达尔指数皆呈现出逐年下降的变化趋势。说明中国生产性服务业的产业集中程度存在区域差异，东北地区生产性服务行业集中程度较高，而东部地区较弱。各区域的不同经济发展状况可能引起生产性服务行业集中度的区域差异，东北地区在 20 世纪 90 年代以前是中国最重要的老工业基地，围绕垄断行业的特大型和大型工业企业建立的生产性服务企业，极容易形成

生产性服务垄断集团，行业集中程度相对偏高。而东部地区市场经济发展最为迅速，生产性服务业市场化程度较高，企业间自由竞争较激烈，行业内垄断经营状况相对于其他地区而言较少，因此，其行业集中程度偏低。

2. 空间基尼系数

2005~2012年各区域生产性服务业空间基尼系数测算结果如表2-4所示。

表2-4　　2005~2012年各区域生产性服务业空间基尼系数

区域	2005年	2006年	2007年	2008年	2009年	2010年	2011年	2012年
东部地区	0.0201	0.0240	0.0271	0.0280	0.0289	0.0299	0.0291	0.0295
中部地区	0.0004	0.0008	0.0015	0.0017	0.0018	0.0011	0.0018	0.0021
西部地区	0.0012	0.0012	0.0013	0.0011	0.0012	0.0013	0.0016	0.0018
东北地区	0.0053	0.0067	0.0072	0.0052	0.0027	0.0017	0.0013	0.0008

区域比较结果显示，东部地区生产性服务业空间基尼系数取值较高（G>0.02），而中、西、东北部地区生产性服务业空间基尼系数水平偏低，尤其是中西部地区，指标数值长期低于全国平均水平。从时序变化上看，2005~2012年东中西部地区生产性服务业空间基尼系数皆具有明显的上升趋势，而东北地区生产性服务业空间基尼系数在2008~2012年却大幅降低，2005~2012年下降幅度达84%。说明中国生产性服务业的地理集聚存在显著的区域差异，东部地区生产性服务业的区域集聚程度较高，而其余三大区域生产性服务业的区域集聚程度较低。另外，东、中、西部生产性服务业的区域集聚发展趋势良好，而东北地区生产性服务业集聚发展状况较差。

3. 空间集聚指数

2005~2012年各区域生产性服务业空间集聚指数测算结果如表2-5所示。

表2-5　　2005~2012年各区域生产性服务业空间集聚指数

区域	2005年	2006年	2007年	2008年	2009年	2010年	2011年	2012年
东部地区	0.0230	0.0275	0.0310	0.0320	0.0330	0.0343	0.0333	0.0336
中部地区	0.0005	0.0010	0.0018	0.0020	0.0022	0.0013	0.0023	0.0026
西部地区	0.0013	0.0013	0.0014	0.0012	0.0014	0.0015	0.0018	0.0020
东北地区	0.0082	0.0104	0.0112	0.0081	0.0041	0.0026	0.0020	0.0013

空间集聚指数测算结果同样显示，生产性服务业的地理集聚状况存在区域差异，其中，东部地区生产性服务业存在中度集聚（$\gamma > 0.02$），且2005~2012年集聚指数逐年增长，生产性服务业集聚发展趋势良好；其余三大区域生产性服务业集聚水平都较低，但发展趋势不同，中西部地区集聚度基本具有持续上升趋势，而东北地区反之，呈现出逐年下降的趋势，2005~2012年下降幅度约为85%。

（三）省域层面

根据数据的可得性，本书选择区位熵指数衡量省域层面的生产性服务业集聚状况。2005~2012年中国生产性服务业的区位熵值如表2-6所示。

表2-6　　2005~2012年中国各省份生产性服务业区位熵

地区	均值	2005年	2006年	2007年	2008年	2009年	2010年	2011年	2012年
北京	2.5210	2.1915	2.3864	2.4975	2.5454	2.5462	2.6016	2.6584	2.7411
天津	1.1285	1.1831	1.1676	1.1846	1.2215	1.1884	1.1793	0.8994	1.0045
河北	0.9161	0.9006	0.9251	0.9149	0.9303	0.9403	0.9226	0.9135	0.8816
山西	0.9552	0.9545	0.9964	1.0021	0.9866	0.9251	0.8867	0.9556	0.9349
内蒙古	1.0405	1.0075	1.0035	1.0244	1.0266	1.0443	1.0392	1.0701	1.1083
辽宁	1.1231	1.1101	1.1486	1.1558	1.1378	1.0702	1.0944	1.1423	1.1260
吉林	1.0815	1.1045	1.0836	1.0549	1.0328	1.0627	1.0604	1.1028	1.1506
黑龙江	0.9126	0.8616	0.8552	0.8507	0.8747	0.8918	0.9442	1.0002	1.0224
上海	1.7545	1.7890	1.8839	1.8042	1.8022	1.8419	1.9085	1.5893	1.4173

续表

地区	均值	2005年	2006年	2007年	2008年	2009年	2010年	2011年	2012年
江苏	0.8536	0.9369	0.8734	0.8383	0.8404	0.8231	0.8113	0.8441	0.8617
浙江	0.8500	0.9012	0.8741	0.8300	0.8188	0.8180	0.8273	0.8475	0.8832
安徽	0.8589	0.8794	0.8647	0.8760	0.8611	0.8319	0.8324	0.8799	0.8460
福建	0.6640	0.6843	0.6741	0.6387	0.7085	0.6946	0.7076	0.6049	0.5992
江西	0.8659	0.9544	0.9296	0.9020	0.9122	0.8799	0.8609	0.7898	0.6986
山东	0.6780	0.6510	0.6439	0.6618	0.6700	0.7042	0.7033	0.6966	0.6933
河南	0.7708	0.8406	0.8185	0.8075	0.7789	0.7439	0.7296	0.7278	0.7193
湖北	0.8971	0.9045	0.8848	1.0009	0.9756	0.9580	0.8397	0.7893	0.8240
湖南	0.8889	0.9181	0.9119	0.8995	0.8720	0.8445	0.8477	0.9002	0.9169
广东	1.0212	1.0339	1.0208	0.9987	0.9963	0.9931	1.0064	1.0534	1.0666
广西	1.0544	1.0417	1.0567	1.0668	1.0213	1.0343	1.0294	1.0839	1.1011
海南	0.9646	0.9625	0.9478	0.9958	0.9350	0.9139	0.9336	1.0338	0.9943
重庆	0.9838	1.0337	0.9820	1.0130	1.0184	0.9840	1.0006	0.8980	0.9406
四川	0.8585	0.8938	0.8744	0.8566	0.8298	0.8468	0.8506	0.8538	0.8620
贵州	0.7853	0.7445	0.7401	0.7718	0.8030	0.8253	0.8081	0.8305	0.7590
云南	0.8646	0.9300	0.9353	0.8415	0.8552	0.8711	0.8424	0.8481	0.7928
西藏	0.8869	0.8776	0.8979	0.9780	0.9130	0.8816	0.8403	0.8181	0.8888
陕西	1.0634	1.0849	1.0668	1.0360	0.9867	1.0620	1.0729	1.1155	1.0821
甘肃	0.9511	1.0089	0.9846	0.9390	0.9203	0.9337	0.9153	0.9565	0.9504
青海	1.2592	1.3830	1.3691	1.3089	1.1838	1.2176	1.2032	1.1857	1.2221
宁夏	1.0331	0.9639	1.0036	0.9943	0.9967	1.0339	1.0228	1.1196	1.1298
新疆	0.8413	0.8429	0.8499	0.8354	0.8202	0.8059	0.8050	0.8712	0.8996

表2-6中第1列显示的是2005~2012年中国31个省（区市）生产性服务业区位熵值的年度平均值。由该列数据可以看出，31省（区市）中仅有11省（区市）的区位熵值大于1，其余20省（区市）位熵取值则小于1，即生产性服务业集聚程度较高的地区所占比重并未过半，说明中国生产性服

务业集聚水平偏低。另外，一方面，从集聚度较高省份的空间分布来看，北京、天津、上海、广东4省（市）属于东部地区，其中北京、上海两地区集聚程度最高，在全部省份中居于前两位；辽宁、吉林属于东北范畴；而内蒙古、广西、陕西、青海、宁夏5省区都来自于西部地区。另一方面，集聚度较低的20省（区市）中，包含全部中部六省，东北、东部、西部地区分别占据1个、6个、7个席位。这两方面共同体现出中国生产性服务业集聚发展存在明显的区域差异，东西部地区发展水平要高于东北和中部地区。随着时间的推移，中国各省区、市生产性服务业集聚的发展趋势也不相同。

依据图2-4可以将东部10省市划分为三大类。第一类为北京，其生产性服务业区位熵值最大，且存在最为明显的逐年递增的趋势，2012年相对2005年而言，其区位熵值增长25%。第二类为上海、天津，其生产性服务业区位熵大于1，但与北京相比偏低，排名第二、第三位，但却呈现波动下降的变动趋势，上海在先后经历了2006年和2010年两个小幅上涨后，最终大幅下降约21%，天津在前6年保持稳定，而后两年内出现小幅下降。其余7省市组成第三类，它们的生产性服务业区位熵值较小，并且在8年间涨跌波动幅度不大，变化相对较为平稳。

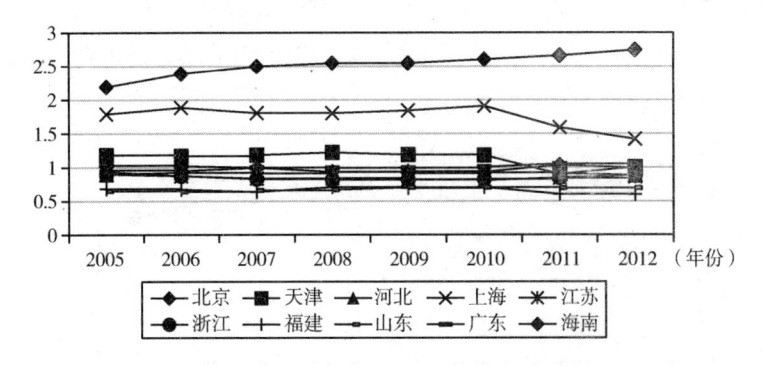

图2-4 2005~2012年东部地区各省份生产性服务业区位熵

由图2-5可以看出，2005~2012年东北三省的生产性服务业区位熵呈现出不尽相同的变化趋势。其中，黑龙江省生产性服务业区位熵水平最低，但存在逐年上升的趋势，2012年比2005年增加18%，这有效缩小了该省与其他两省之间的差距。吉林与辽宁生产性服务业聚集度相对较高，并且随着时间的推移出现了先下降后上升的波动变化，分别于2008年和2009年先后出现小幅下降后，在2012年恢复至与初始时期（2005年）相当的水平。

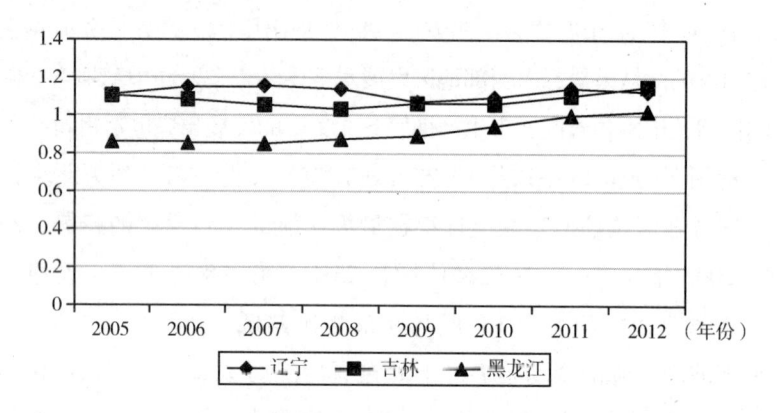

图 2-5　2005~2012 年东北地区各省生产性服务业区位熵

由图 2-6 可以看出，2005~2012 年中部 6 省的生产性服务业区位熵值始终偏低，且各省份间水平相当。2005 年最高省份山西与最低省份安徽之间仅相差 0.11，经过 7 年的发展，2012 年最高省份山西与最低省

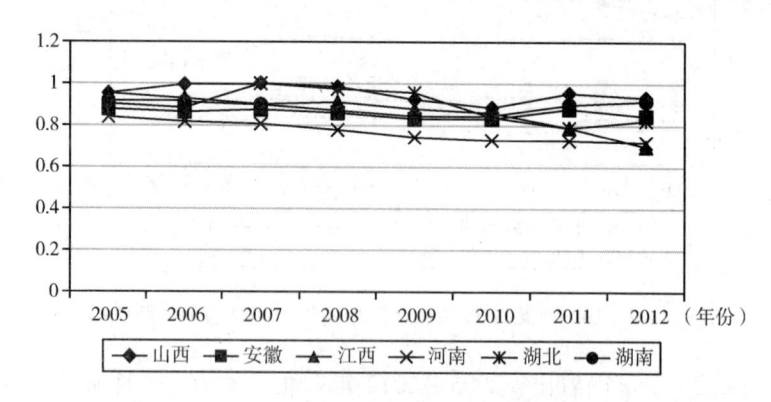

图 2-6　2005~2012 年中部各省生产性服务业区位熵

份江西之间差距为 0.23。从区位熵变化趋势来看，除湖南省小幅震荡基本维持初始水平外，其余省份皆存在下降趋势。河南、江西两省下降最为明显，2005~2012 年逐年下降，最终降幅分别为 14% 和 27%；而 2005~2012 年山西、安徽、湖北三省的区位熵值出现小幅的上下波动，最终也表现为下降趋势，降幅相对较小，分别约为 2%、3.8% 和 8.9%。

由图 2-7 可以看出，西部 12 省（区市）中，青海省生产性服务业区位熵水平较高，内蒙古、广西、重庆、陕西的区位熵值略高于临界值水平，其余省份相对较低，且比较集中。从变化趋势上来看，2008 年青海省生产性服务业区位熵出现大幅降低，降幅为 14.4% 左右，随后年度维持该水平，发展较为稳定。另外，2005~2012 年宁夏生产性服务业区位熵呈现出较明显的上升趋势，涨幅约为 17.2%。而其余省份区位熵在 2005~2012 年变化不大，发展相对平稳。

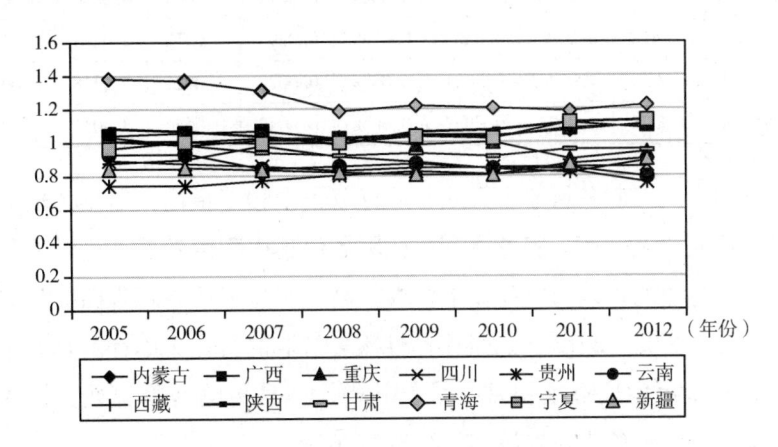

图 2-7　2005~2012 年西部各省（区市）生产性服务业区位熵

三、生产性服务业集聚的行业特征

根据本书的界定，生产性服务业包含 5 个子行业，它们行业特征各异，集聚发展状况必然存在一定区别。为了比较不同生产性服务行业集聚程度及其发展趋势上的差异，本节同样选用区位熵、空间基尼系数、赫芬达尔指数和空间集聚指数四种方法，进一步分别对5个生产性服务行业进行集聚测度。

（一）全国层面

1. 赫芬达尔指数

2005~2012年中国各生产性服务行业的赫芬达尔指数如表2-7所示。

表2-7　　2005~2012年中国各生产性服务行业赫芬达尔指数　　单位：10^{-3}

行业	2005年	2006年	2007年	2008年	2009年	2010年	2011年	2012年
交通运输业	0.0136	0.0120	0.0108	0.0077	0.0067	0.0061	0.0056	0.0051
信息传输业	0.0155	0.0130	0.0111	0.0084	0.0071	0.0069	0.0064	0.0057
金融业	0.0458	0.0408	0.0367	0.0489	0.0298	0.0253	0.0219	0.0182
商务服务业	0.0039	0.0034	0.0031	0.0029	0.0023	0.0021	0.0018	0.0016
科技服务业	0.0078	0.0071	0.0067	0.0058	0.0049	0.0044	0.0042	0.0037

中国生产性服务行业中金融业的行业集中程度最高，信息传输业和交通运输业次之，商务服务业和科技服务业集中程度较低。这可能是因为前三个行业的进入门槛和技术要求较高，容易形成垄断集团。从时序变化上看，2005~2012年，各生产性服务行业的行业集中程度具有基本统一的下降趋势且降幅相差不大，其中，信息传输业降幅最大，约为63.4%，科技服务业降幅最小，约为52.6%。

2. 空间基尼系数

2005~2012年中国各生产性服务行业的空间基尼系数测算结果如表2-8所示。

表 2-8 2005~2012 年中国各生产性服务行业空间基尼系数

行业	2005年	2006年	2007年	2008年	2009年	2010年	2011年	2012年
交通运输业	0.0025	0.0030	0.0034	0.0036	0.0036	0.0035	0.0043	0.0039
信息传输业	0.0142	0.0155	0.0260	0.0304	0.0291	0.0346	0.0371	0.0392
金融业	0.0009	0.0010	0.0011	0.0011	0.0009	0.0011	0.0014	0.0018
商务服务业	0.0357	0.0385	0.0397	0.0397	0.0474	0.0471	0.0320	0.0344
科技服务业	0.0142	0.0154	0.0157	0.0180	0.0193	0.0181	0.0191	0.0175

从总体上看,信息传输业、商务服务业、科技服务业的区域集聚程度较高,金融业、交通运输业的集聚度一直处于较低水平。从时序变化上看,不同生产性服务行业集聚度的变化趋势不尽相同,2005~2012年,交通运输、信息传输、金融、科技服务业的集聚度变化都呈现出明显的波动上升趋势,其中,信息传输业上涨幅度最大,高达177%左右,科技服务业涨幅最小,约为23%。而商务服务业集聚度在2005~2010年逐年上涨至最高点后突然降至8年间的最低水平,其下降幅度约为3.5%。

3. 空间集聚指数

2005~2012 年中国各生产性服务行业的空间集聚指数如表 2-9 所示。

表 2-9 2005~2012 年中国各生产性服务行业空间集聚指数

行业	2005年	2006年	2007年	2008年	2009年	2010年	2011年	2012年
交通运输业	0.0026	0.0031	0.0035	0.0037	0.0037	0.0037	0.0045	0.0040
信息传输业	0.0148	0.0162	0.0272	0.0318	0.0304	0.0362	0.0389	0.0410
金融业	0.0009	0.0011	0.0011	0.0010	0.0009	0.0011	0.0015	0.0018
商务服务业	0.0373	0.0402	0.0415	0.0415	0.0496	0.0493	0.0335	0.0360
科技服务业	0.0148	0.0161	0.0164	0.0188	0.0202	0.0189	0.0200	0.0183

由各行业空间集聚指数测算结果可知,地理集中程度较高的行业有 3 个,分别为信息传输业、商务服务业、科技服务业,而金融业、交通

运输业的集中度水平较低。从时序变化上看，交通运输、信息传输、金融、科技服务业的空间集聚指数在 2005~2012 年随着时间的推移波动上升，信息传输业上涨幅度最大，科技服务业涨幅最小，涨幅分别为 177% 和 23%。而商务服务业集聚度先上升后下降，最终降幅约为 3.5%。可以看出，以上结论与空间基尼系数测算得出结论相当一致。

（二）区域层面

1. 赫芬达尔指数

对各行业赫芬达尔指数的区域差异进行比较发现（表 2-10）：第一，集中度越高的行业区域差异越大。第二，对各服务行业集中度，都有东北地区最强、中部地区次之、西部地区再次、东部地区最弱的统一规律。这与生产性服务业整体行业集中度的区域差异分析结论一致，说明在生产性服务行业集中度的区域排序上，并不存在行业差异。

表 2-10　2012 年中国四大区域各生产性服务行业赫芬达尔指数　单位：10^{-3}

区域	交通运输业	信息传输业	金融业	商务服务业	科技服务业
东部地区	0.0096	0.0106	0.0427	0.0026	0.0064
中部地区	0.0267	0.0278	0.0789	0.0121	0.0211
西部地区	0.0252	0.0274	0.0683	0.0092	0.0196
东北地区	0.0576	0.0706	0.1703	0.0204	0.0379

2. 空间基尼系数

如表 2-11 所示，2012 年中国各生产性服务行业的空间基尼系数存在明显的区域差异，且集聚度较高的行业其区域差异较大。第一，各行业均有东部地区地理集聚水平高于其余三大区域。第二，西部地区交通运输业、信息传输业、商务服务业、科技服务业空间基尼系数高于东北和中部地区。第三，中部地区金融业空间基尼系数水平相对于西部和东北地区较高。第四，东北地区除商务服务业区域集聚程度高于中部地区外,其他行业皆低于该地区。

表2-11　2012年中国四大区域各生产性服务行业空间基尼系数

区域	交通运输业	信息传输业	金融业	商务服务业	科技服务业
东部地区	0.0147	0.1083	0.0053	0.0705	0.0706
中部地区	0.0029	0.0088	0.0046	0.0076	0.0051
西部地区	0.0035	0.0090	0.0020	0.0172	0.0060
东北地区	0.0000	0.0024	0.0009	0.0164	0.0002

3. 空间集聚指数

2012年中国各生产性服务行业的空间集聚指数也存在区域差异。如表2-12所示,不同行业区域差异表现不同,且空间集聚指数较高的行业区域差异较大。第一,各行业东部地区空间集聚指数最高。第二,交通运输业空间集聚指数在西部地区的取值高于东北和中部地区。第三,中部地区金融业、信息传输业、科技服务业空间集聚指数水平略高于西部和东北地区。第四,东北地区除商务服务业区域集聚程度高于中西部地区外,其他行业皆低于这两个地区。可以看出,以上结论与空间基尼系数得出结论基本一致。

表2-12　2012年中国四大区域各生产性服务行业空间集聚指数

区域	交通运输业	信息传输业	金融业	商务服务业	科技服务业
东部地区	0.0167	0.1236	0.0060	0.0805	0.0806
中部地区	0.0035	0.0107	0.0056	0.0093	0.0074
西部地区	0.0040	0.0102	0.0022	0.0194	0.0067
东北地区	0.0000	0.0037	0.0012	0.0255	0.0002

(三) 省域层面

根据2005~2012年中国31个省份各生产性服务行业的区位熵值(计算结果太过庞大,故予以省略),整理得2005年、2008年和2012年中国各生产性服务行业区位熵值排名前五的省份，如表2-13所示。表2-14中显示的是2012年中国四大区域各生产性服务行业区位熵的算术平均值。

由表2-13可知，第一，北京、上海两地在各年度绝大多数生产性服务行业区位熵值皆排名前五，这说明北京、上海凭借其区位和经济优势，成为生产性服务业专业化程度最高的两大地区。第二，西部地区青海、宁夏、内蒙古分别在科技服务业、金融业、交通运输业的集聚上具有比较优势，区位熵排名靠前。第三，鲜少中部地区出现在区位熵排名前五的行列中，说明中部地区是生产性服务行业集聚发展的落后地区。

表2-13　　　中国各生产性服务行业区位熵排名前五地区

行业	2005年	2008年	2012年
交通运输业	上海、青海、北京、吉林、辽宁	上海、北京、青海、湖北、辽宁	北京、上海、内蒙古、吉林、青海
信息传输业	北京、青海、广东、西藏、上海	北京、西藏、青海、广东、内蒙古	北京、陕西、吉林、内蒙古、上海
金融业	上海、宁夏、辽宁、河北、浙江	上海、宁夏、河北、辽宁、北京	上海、北京、宁夏、内蒙古、河北
商务服务业	北京、上海、天津、浙江、广东	北京、上海、天津、浙江、广东	北京、上海、广东、浙江、宁夏
科技服务业	北京、青海、上海、陕西、西藏	北京、上海、青海、陕西、天津	北京、青海、西藏、陕西、天津

通过表2-14进行比较分析发现：一方面，中国生产性服务业区位熵值的区域差异明显，东部地区和东北地区明显大于中西部地区，且中部地区集聚发展最落后。另一方面，从各区域内部行业对比上看，东部地区商务服务业、信息传输、科技服务业的区位熵值较高，这与东部地区经济发达、区域创新能力较强密切相关；而西部地区科技服务业区位熵值较高，说明国家西部大开发战略对该地区知识创新的推动作用明

显；东北及中部地区则在交通运输业这类传统生产性服务行业上的区位熵取值较大。

表 2-14　2012 年中国四大区域各生产性服务行业区位熵均值

区域	交通运输业	信息传输业	金融业	商务服务业	科技服务业
东部平均	1.0531	1.2240	1.0449	1.3341	1.0804
东北平均	1.2540	1.0145	1.0559	0.7747	1.2025
中部平均	0.9105	0.7148	0.9255	0.5805	0.7718
西部平均	1.0151	0.8103	0.9796	0.7568	1.2093

四、生产性服务业集聚测度结论

由于产业集聚测度指标的侧重方面稍有不同，本书选取四种产业集聚测度指标，分全国、区域、省域三个层面对 2005~2012 年中国生产性服务业集聚现状进行了全面分析，可以得出以下主要结论：

从全国层面上看，一方面，中国生产性服务业的行业集中程度不高，存在逐年降低的趋势，且具有显著的行业差异，其中金融业的行业集中程度最高，信息传输业和交通运输业次之，商务服务业和科技服务业集中程度较低；另一方面，中国生产性服务业地理集聚水平偏低，但其集中趋势具有良好的发展势头，且生产性服务业地理集聚也存在明显的行业差异，信息传输业、商务服务业、科技服务业的地理集中程度较高，金融业、交通运输业的地理集中度处于较低水平。

从区域层面上看，一方面，中国生产性服务业行业集中程度存在区域差异，东北地区集中程度相对较高，中部地区次之，西部地区再次，东部地区最小，且该区域差异不存在明显的行业差别；另一方面，中国生产性服务业地理集中程度也存在明显的区域差异，对各生产性服务行业均有，东部地区地理集中程度较高，其余三大区域地理集中程度较弱,西部地区在交通运输业的集聚发展上具有一定比较优势,中部地区集聚发展比较优势行业为金融行业,东北地区则只在商务服务业的集聚发展领先于中部地区。

从省域层面上看,通过测算区位熵指数衡量产业专业化程度反映产业集聚发展。一方面,存在区域差异,东部地区省份生产性服务业集聚程度较高,尤其是北京、上海两城市表现极为突出,东北地区中辽宁、吉林两省集聚水平较高,青海、宁夏、内蒙古等西部集聚发展较好,而中部六省集聚水平整体偏低;另一方面,在行业差异上,东部地区省份商务服务业、信息传输、科技服务业集聚发展水平较高,西部地区科技服务业集聚较好,东北及中部地区交通运输业等传统生产性服务业集聚更为突出。

第三节 中国生产性服务业集聚的动态演化

通过产业集聚测度可知,中国生产性服务业存在一定程度的空间集聚,且具有良好的发展趋势。生产性服务企业与相关机构在特定区域内集中,形成竞争与合作的关系,这与生态学中的种群平衡关系极为相似。因此,根据第一章中对生产性服务业集聚演化过程的介绍,结合种群生态学中的生命周期理论和经济演化论,本节将构建生产性服务业集聚演化的逻辑斯蒂(logistic)模型,并借助该模型对中国生产性服务业集聚演化过程进行实证分析,揭示中国生产性服务业集聚演化中的基本规律。

一、生产性服务业集聚演化过程模型

(一)生产性服务业集聚演化的 logistic 模型

从生产性服务业集聚区内企业生存和发展的实际情况来看,受到

自身生长能力和外界资源环境的共同制约，企业经济变量不能够无限度增长，而是存在极限值，故集聚演化过程呈现出有限性。在集聚演化的萌芽期和成熟期，生产性服务业集聚的增长速度较慢，而成长期的增长速度较快，总体演化过程呈 S 形曲线变化。为了方便分析，本书将生产性服务业集聚中经历的内在和外在的动态变化统一简化为集聚产出的变化，因此生产性服务业集聚产出变化反映了集聚的演化过程。

逻辑斯蒂（logistic）方程（图 2-8）最早由美国生物学家雷蒙·比尔在 19 世纪 20 年代提出，该方程的标准形式为：

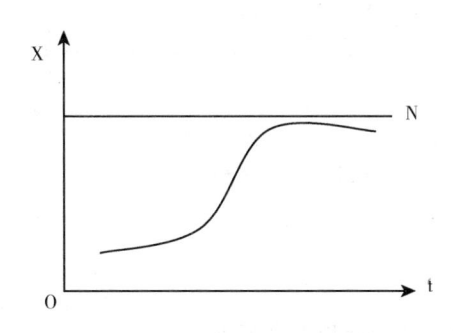

$$X_{t+1} = \alpha X_t (1 - X_t) \qquad (2-7)$$

图 2-8 logistic 曲线的基本图形

对式（2-7）进行适当变换，可以用于研究生产性服务业集聚的动态演变。假设 $X = X(t)$ 是生产性服务业集聚系统在时刻 t 的产量；N 表示一定时期，特定区域内，在给定原材料、劳动力、资本、技术等要素资源的情况下，生产性服务业集聚的最大产量，即生产性服务业发展的极限值；α 是生产性服务业成长速度弹性系数，代表理想状态下产量的自然增长率。假定生产性服务业集聚系统的成长速度与其演化过程中的产量 X 成正比例关系，但随着演化过程接近产量 X 的极限值，成长速度会逐步减弱，并趋向于零。因此，生产性服务业集聚的演化过程可以用logistic增长模型进行拟合：

$$\frac{\mathrm{d}X(t)}{\mathrm{d}t} = \alpha \frac{N - X(t)}{N} X(t) \qquad (2-8)$$

式（2-8）中，$\frac{N - X(t)}{N}$ 为减速因子，又被称为 logistic 系数，表示资源对集聚产量的阻碍作用，能够反映生产性服务业系统剩余的产量空间。减速因子的存在使得生产性服务业集聚总是趋向于最大产量。当 $X(t) = N$ 时，减速因子取值为零，$\mathrm{d}X(t)/\mathrm{d}t = 0$，生产性服务业集聚产量处于稳定状态，达到最大产出水平。另外，若参数 $\alpha \leq 0$ 或 $N \leq 0$，则生产性服务业集聚系统的产量会不断缩减为负值，显然这与现实情况不符，因此，应有 $\alpha > 0$，$N > 0$。

若令生产性服务业集聚产量的初始值 $X(t_0) = N_0$，则根据公式（2-8），可以解得：

$$X(t) = \frac{N}{1 + \left(\frac{N}{N_0} - 1\right) e^{-\alpha(t - t_0)}} \qquad (2-9)$$

（二）生产性服务业集聚演化阶段

生产性服务业集聚演化的 logistic 模型不仅可以反映出集聚的演化趋势，还能够对集聚的发展阶段进行划分。

式（2-8）是生产性服务业集聚的成长速度方程，代表集聚产量在时刻 t 的增长速度。对成长速度方程进一步求导可得：

$$\frac{\mathrm{d}^2 X(t)}{\mathrm{d}t^2} = \alpha \frac{\mathrm{d}X(t)}{\mathrm{d}t} - \alpha \frac{2}{N} X(t) \frac{\mathrm{d}X(t)}{\mathrm{d}t} \qquad (2-10)$$

式（2-10）表示的是生产性服务业集聚产量增速的变化率，当该变化率取值为零时，集聚产量增速达到极大值点，该时刻的集聚产量位于产量曲线的第一个拐点 $X(t) = N/2$ 处，此时有 $t = \ln(N/N_0 - 1)/\alpha$。

第二章 中国生产性服务业集聚测度及其动态演化

对成长速度方程（2-8）求二阶导数，可得：

$$\frac{d^3X(t)}{dt^3} = \alpha \frac{d^2X(t)}{dt^2} - \alpha \frac{2}{N}(\frac{dX(t)}{dt})^2 - \alpha \frac{2}{N}X(t)\frac{d^2X(t)}{dt^2} \quad (2-11)$$

当该二阶导数取值为零时，可以得到成长速度变化率取最大值的两个拐点，同时，与这两点相对应的，在集聚产量曲线上也存在两个拐点，分别位于 $X(t) = \frac{N}{3+\sqrt{3}}$ 和 $X(t) = \frac{N}{3-\sqrt{3}}$ 处，此时 t 分别为 $\frac{\ln(N/N_0 - 1) - \ln(2+\sqrt{3})}{\alpha}$ 和 $\frac{\ln(N/N_0 - 1) + \ln(2+\sqrt{3})}{\alpha}$。

生产性服务业集聚产量演化曲线和成长速度曲线如图2-9所示。

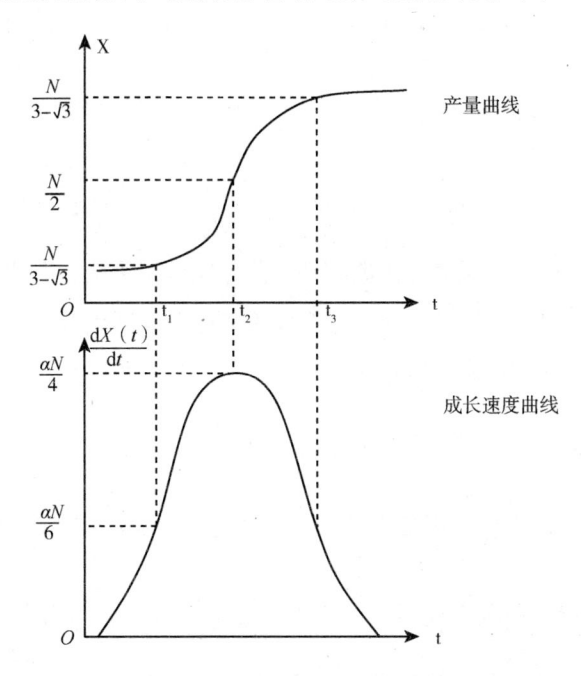

图2-9 生产性服务业集聚演化曲线和成长速度曲线

根据第一章第四节中对生产性服务业集聚动态演化过程的简要介绍，整个演化过程分为四个阶段：

第一阶段，生产服务业集聚的萌芽期（$0<t<t_1$）。该时期$\frac{\mathrm{d}^2 X(t)}{\mathrm{d}t^2}>0$，$\frac{\mathrm{d}^3 X(t)}{\mathrm{d}t^3}>0$，即生产性服务业集聚产量的增速及其增速的变化率都具有递增的变化趋势，集聚产量呈指数型增长。当产量成长速度上升至$\frac{\mathrm{d}X(t_1)}{\mathrm{d}t_1}=\frac{\alpha N}{6}$时，成长速度的增速最大，说明此时集聚区内各因素对集聚演化的作用力最大，即生产性服务业集聚具有最大动力。因此，t_1时刻被称为生产性服务业集聚演化的"起飞点"，此时的集聚产量为$\frac{N}{3+\sqrt{3}}$。

第二阶段，生产性服务业集聚的成长期（$t_1<t<t_2$）。该时期$\frac{\mathrm{d}^2 X(t)}{\mathrm{d}t^2}>0$，$\frac{\mathrm{d}^3 X(t)}{\mathrm{d}t^3}<0$，即生产性服务业集聚产量成长速度仍持续递增，但增速在不断降低，直至成长速度上升至最大值$\frac{\mathrm{d}X(t_2)}{\mathrm{d}t_2}=\frac{\alpha N}{4}$点时，其增速取值为零。这反映出生产性服务业集聚在经历萌芽期后，集聚区企业会产生内部和外部规模经济，对区域外部的生产性服务业形成巨大吸引力，集聚区规模迅速扩大，区域内产业链逐步完善，产业集聚成长速度达到最大值，生产性服务业集聚产量快速增长至$\frac{N}{2}$。

第三阶段，生产性服务业集聚成熟期（$t_2<t<t_3$）。该时期$\frac{\mathrm{d}^2 X(t)}{\mathrm{d}t^2}<0$，$\frac{\mathrm{d}^3 X(t)}{\mathrm{d}t^3}<0$，即生产性服务业集聚产量成长速度及其成长速度的增速都呈现出递减的趋势，说明集聚产量的成长速度处于减速递减的状态。当产量成长速度的递减速度降至零点时，$\frac{\mathrm{d}X(t_3)}{\mathrm{d}t_3}=\frac{\alpha N}{6}$，生产性服务业集聚达到最成熟的状态，也被称为集聚发展的"成熟点"，此时集聚产量

为$\frac{N}{3-\sqrt{3}}$。在这个阶段,生产性服务业集聚发展日趋完善,市场需求逐步稳定,集聚区内企业专业分工日益深化,它们通过相互竞争和合作共赢,形成了较稳定的网络关系,生产性服务业集聚整体竞争力不断增强,是集聚发展最成熟的时期。

第四阶段,生产性服务业集聚衰退期($t_3 < t < \infty$)。该阶段$\frac{d^2 X(t)}{dt^2} < 0$,$\frac{d^3 X(t)}{dt^3} > 0$,即生产性服务业集聚产量成长速度递减,但递减的速度在不断上升,说明集聚产量的成长速度处于加速递减状态。在这一阶段,集聚产量逐渐接近市场需求的最大值N,生产性服务业集聚的发展达到演化的极限状态,集聚区内竞争加剧,资源短缺状况开始出现,技术创新停滞不前,遇到重大技术"瓶颈",集聚区内企业纷纷向新的集聚区转移,于是,集聚系统日益衰退,最终被新的集聚区代替。

二、生产性服务业集聚演化实证分析

(一) 数据来源和计算方法

由于生产性服务业集聚产量数据难以直接获得,本书以行业增加值近似代替行业集聚产出水平进行实证分析。根据数据的可得性,选择交通运输、仓储和邮政业与金融业(其他生产性服务行业增加值数据无法获得)作为研究对象,分别运用 logistic 模型拟合 1978~2012 年中国这两类生产性服务行业集聚的动态演化过程,代表性地对中国生产性服务业集聚的发展变化进行定量描述。数据来源于历年《中国统计年鉴》。

采用非线性最小二乘法(NLS)估计参数 N, N_0, α:

$$f(N, N_0, \alpha) = \frac{N}{1 + \left(\frac{N}{N_0} - 1\right) e^{-\alpha(t - t_0)}} \qquad (2-12)$$

非线性最小二乘法（NLS）是非线性模型的常用估计方法，采用迭代法进行参数估计，即先给出参数估计的初始值，通过迭代求一个新的估计值，重复迭代直至估计值收敛，这种重复迭代的方法可以在一定精度下求出近似解。本书采用 Eviews 8 中的 Gauss-Seidel 迭代法进行参数估计。

参数估计需要确定 N、N_0、α 的初始值，本书采用三和值法进行初始值确定。三和值法将时间序列平均分为三部分，每部分的时间间距相等，先分别对每一间距内各时序值进行求和处理，再利用三个和值计算参数的初始值。另外，由于三和值法对时间序列数据平滑性要求较高，因此在采用三和值法确定初始值之前运用 H-P 滤波方法对 1978~2012 年的行业增加值数据作了平滑处理。H-P 滤波方法被广泛应用于宏观经济趋势分析中，由 Hodrick 和 Prescott 于 1980 年提出，利用 H-P 滤波方法能够使经济变量序列中的长期增长趋势和短期波动因素相互分离，经过滤波处理的时间序列为平稳序列。

（二）参数估计结果分析

根据生产性服务业集聚演化 logistic 模型，利用上述分析方法对交通运输、仓储和邮政业，以及金融业的集聚演化过程进行拟合，参数估计结果如表 2-15 所示。

表 2-15　　两类生产性服务行业集聚动态演化 logistic 模型参数估计结果

行业	参数	参数估计值	t 检验值	P 值	R^2	Adjusted R^2
交通运输、仓储和邮政业	N	34293.9700	20.0760	0.0000	0.9993	0.9992
	N_0	192.2938	15.5081	0.0000		
	α	0.1635	49.3064	0.0000		
金融业	N	309698.3000	6.7503	0.0000	0.9985	0.9984
	N_0	142.5320	9.1918	0.0000		
	α	0.1538	29.2375	0.0000		

第二章 中国生产性服务业集聚测度及其动态演化

由表 2-15 中参数估计结果可以看出，logistic 曲线能够很好拟合 1978~2012 年中国交通运输、仓储和邮政业与金融业集聚的动态演化过程。两类行业的模型拟合度分别高达 99.9% 和 99.8%，并且 N，N_0，α 的参数估计值都能够通过 1% 水平下的显著性检验，综合来看，模型拟合效果较好。说明中国这两类生产性服务业集聚的演化发展将表现出 S 形曲线的增长变化规律，两者的拟合曲线如图 2-10 和图 2-11 所示，图中 HPGDP 序列为 HP 滤波处理后的观测值序列，HPGDPF 序列为预测值序列，可以看出，估计结果与实际情况相互吻合。

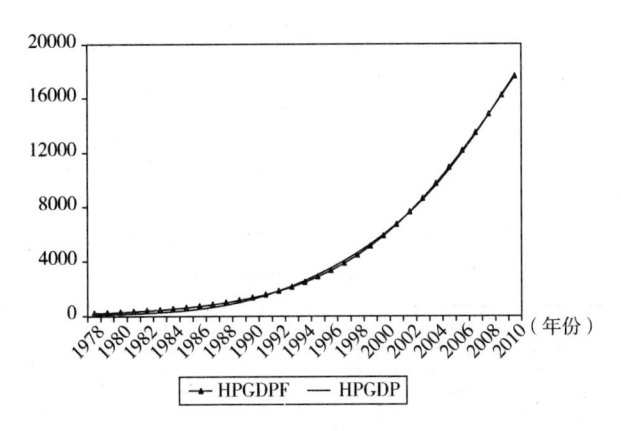

图 2-10　交通运输、仓储和邮政业拟合曲线

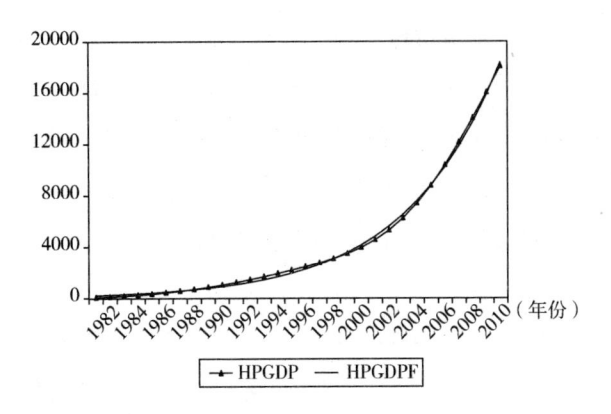

图 2-11　金融业拟合曲线

另外，对这两类生产性服务行业进行比较可知，交通运输、仓储和邮政业的集聚初始产量比金融业集聚初始产量大，且其集聚的自然成长率也略大于金融业集聚自然成长率，但金融集聚系统的最大产量要远远超过交通运输、仓储和邮政集聚的最大产量，约为后者的9倍左右。

根据表2-15中的估计结果，可以计算两个行业集聚动态演化的拐点，计算公式如式（2-13）、式（2-14）和式（2-15），计算结果如表2-16所示。

$$t_1 = \frac{\ln(N/N_0 - 1) - \ln(2+\sqrt{3})}{\alpha} \quad (2-13)$$

$$t_2 = \frac{\ln(\frac{N}{N_0} - 1)}{\alpha} \quad (2-14)$$

$$t_3 = \frac{\ln(N/N_0 - 1) + \ln(2+\sqrt{3})}{\alpha} \quad (2-15)$$

表2-16　　　　　　　两类行业集聚演化拐点时间

拐点	交通运输、仓储和邮政业	金融业
t_1	23.62	41.4
t_2	31.68	49.96
t_3	39.73	58.53

表2-16中计算结果可以得出，交通运输、仓储和邮政业在2001年左右到达集聚发展的"起飞点"，集聚开始由萌芽期向成长期过渡，并且经过8年的发展，在2009年其集聚成长速度达到最大，实际产值增长为极限产值的一半，进入产业集聚发展的成长期。说明目前中国交通运输、仓储和邮政业正处于集聚演化的快速成长阶段，并且将于2017年达到最大极限产量。

相比交通运输、仓储和邮政业而言，中国金融业集聚起步较晚，目前还处于集聚发展的萌芽阶段，预计将于2019年达到集聚发展的"起飞点"进入成长期，并在2027年由成长期向成熟期过渡，于2036年达到最大极限产量。

为进一步代表性说明中国区域生产性服务业集聚的发展状况,根据数据的可得性,并结合交通运输、仓储和邮政业集聚发展比金融业较好的客观情况,在中国东部、东北、中部和西部地区分别选择北京、辽宁、江西和宁夏四个省份,以各省份1978~2012年交通运输、仓储和邮政业的增加值作为其集聚产出,进行 logistic 模型拟合,分别估计其参数,结果如表2-17所示。

表2-17　　中国四省份交通运输、仓储和邮政业集聚演化 logistic 模型参数估计结果

地区	参数	参数估计值	t检验值	P值	R^2	Adjusted R^2
北京	N	1010.8120	15.5029	0.0000	0.9971	0.9969
	N_0	5.1616	6.8444	0.0000		
	α	0.1838	25.0093	0.0000		
辽宁	N	2169.2990	10.2319	0.0000	0.9984	0.9983
	N_0	13.0460	11.2718	0.0000		
	α	0.1515	32.4136	0.0000		
江西	N	620.6157	23.5045	0.0000	0.9977	0.9976
	N_0	3.4870	7.5702	0.0000		
	α	0.1934	28.7737	0.0000		
宁夏	N	441.6074	16.4848	0.0000	0.9998	0.9998
	N_0	0.3942	18.6534	0.0000		
	α	0.1948	81.0695	0.0000		

由表2-17可知,北京、辽宁、江西、宁夏四省份1978~2012年交通运输、仓储和邮政业的集聚发展过程可以用 logistic 模型进行拟合,模型拟合效果较好。一方面,四个模型整体调整后的拟合优度分别高达99.70%、99.83%、99.76%和99.98%。另一方面,所有模型的参数估计结果较好,在1%概率水平下显著。四省份曲线拟合如图2-12~图2-15所示,从图中也可以看出,拟合值与实际值极为接近,曲线拟合效果较好。

另外，对四省份进行比较，从集聚的初始产量和最大极限产量上看，都有辽宁省最大，北京次之，宁夏最小；然而从集聚的自然增长率上看，却有宁夏最大，江西次之，辽宁最小。这说明辽宁省属于东北三大老工业基地之一，早期工业的发展能够带动交通运输业的集聚发展，故该地区交通运输业集聚初始产量较大，但由于工业经济逐步向服务经济发生转变，产业集聚的增长速度并不占优势。而西部地区既受到国家西部大开发战略等政策倾斜的积极影响，又因其本身具有资源丰富、交通便利等优势，故交通运输、仓储和邮政运输业的集聚虽起步较晚，但发展较快。

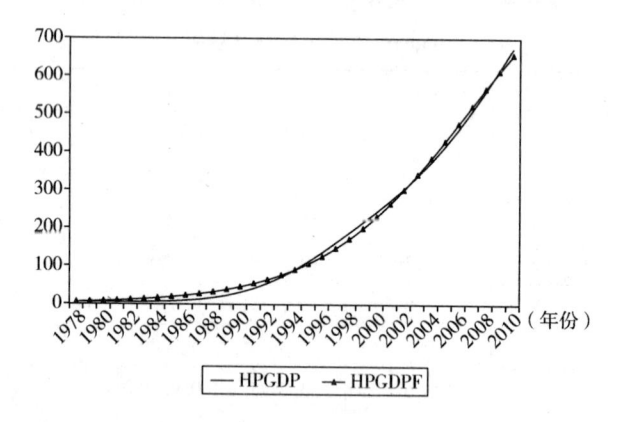

图 2-12　北京交通运输、仓储和邮政业集聚演化过程

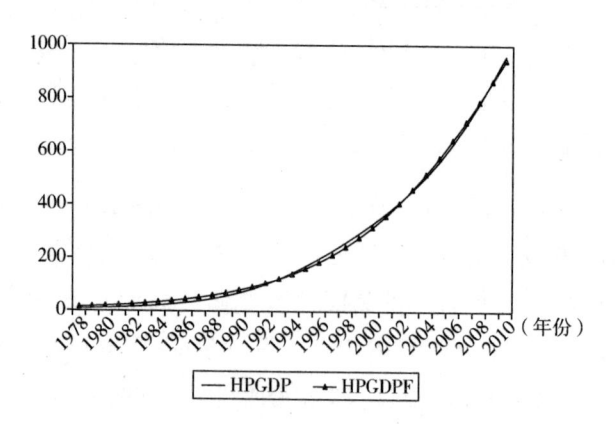

图 2-13　辽宁交通运输、仓储和邮政业集聚演化过程

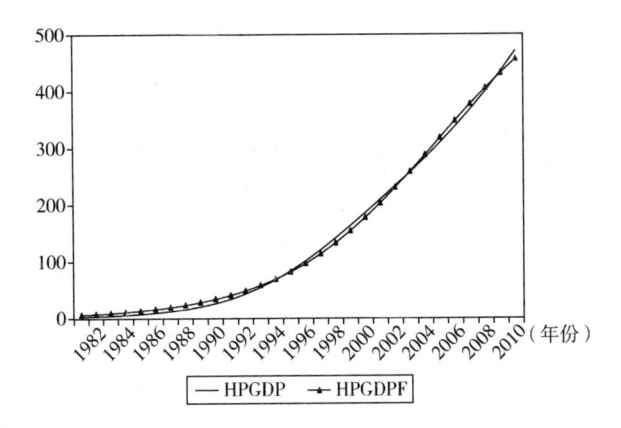

图 2-14 江西交通运输、仓储和邮政业集聚演化过程

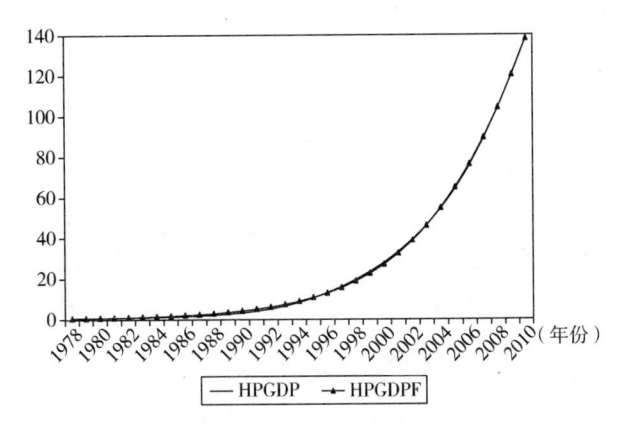

图 2-15 宁夏交通运输、仓储和邮政业集聚演化过程

同样，根据式（2-13）、式（2-14）和式（2-15）计算四省份交通运输、仓储和邮政业集聚动态演化的拐点，结果如表 2-18 所示，由计算结果可以看出：

目前四个省份交通运输、仓储和邮政业集聚发展所处的阶段不同，北京和江西处于快速成长期，而辽宁和宁夏集聚发展相对较慢，处于由萌芽期向快速成长过渡的阶段。另外，从演化的进程上看，北京和江西交通运输、仓储和邮政业集聚起步较早，这两个省份分别在 1999 年和 1997

年就到达集聚起飞点，开始快速发展；辽宁省相比前二者而言起步较晚，在2003年才经过萌芽期开始迅速成长；而宁夏地区是四个省份中交通运输业集聚起步最晚的地区，产业集聚发展至2007年才开始"起飞"。

表2-18　　　　　　　　四省份集聚演化拐点时间

拐点	北京	辽宁	江西	宁夏
t_1	21.5162	25.0242	19.9503	29.2837
t_2	28.6804	33.7181	26.7586	36.0454
t_3	35.8446	42.4120	33.5669	42.8071

三、生产性服务业集聚动态演化的分析结论

通过构建交通运输、仓储和邮政业，以及金融业集聚的动态演化logistic模型进行实证分析发现，中国交通运输集聚发展已经进入快速成长期，而金融集聚系统还处于萌芽时期，说明二者相比，金融集聚起步较晚，但其集聚潜力巨大，最大极限产出远远超过交通运输集聚。另外，对目前集聚发展相对较快的交通运输业进行区域对比看出，北京、辽宁、江西、宁夏交通运输集聚发展各不相同，北京和江西已经进入集聚快速成长阶段，而辽宁和宁夏集聚发展相对较慢，正由萌芽期向快速成长其过渡。这说明中国交通运输业集聚系统正处于成长发展过程中，集聚发展亟待技术创新，唯有不断推动技术创新，为集聚区的发展注入新的生命力，才能保证集聚系统快速发展。

本章小结

本章在中国生产性服务业发展现状分析的基础上，采用静态和动态

相结合的方法，对中国生产性服务业集聚发展状况进行了定量测度。首先，从总量特征、行业特征、空间分布特征三方面对 2005~2012 年中国生产性服务业的发展现状进行了描述性统计分析；其次，采用四种产业集聚测度指标，从全国、区域和省域三个层面，对 2005~2012 年中国生产性服务业集聚程度及其区域差异和行业特征进行全面系统的分析；最后，依据生产性服务业集聚动态演化理论，构建集聚演化的逻辑斯蒂（Logistic）模型对中国生产性服务业集聚的动态演化过程进行拟合。

第一，生产性服务业发展现状分析。由于各生产性服务行业产出数据缺失，本书使用就业人口数据进行现状分析。

总量特征分析结果表明，生产性服务业是服务业的重要组成部分，但其发展波动较大，尤其是 2009~2012 年，其在经济中的比重具有大幅下降的趋势。这表明目前中国生产性服务业发展滞后，亟待发展。

行业特征分析结果显示，五大生产性服务行业中，交通运输业占据最重要的地位，但是其相对优势正在不断减弱，而金融、信息传输业、科技服务业发展态势良好，在生产性服务业中所占比重逐渐增大。这表明传统生产性服务行业的绝对优势可能逐渐被知识含量较高的现代生产性服务行业取代，因此，必须不断促进传统生产性服务行业的科技创新，保证各生产性服务行业协调发展。

运用 R 统计软件进行空间分布特征分析，结果显示，生产性服务业发展呈现明显的空间集聚特征，且东部沿海地区集中程度较高。另外，不同行业空间集聚状况存在一定差异，其中，交通运输业，金融业空间集聚现象较为明显，然而利用粗略的空间分布图形无法进行细致、深入的分析，这需要更严谨的理论分析和实证检验。

第二，中国生产性服务业集聚程度测算。四种产业集聚测度指标的侧重方面虽稍有不同，但它们对 2005~2012 年中国生产性服务业及各行业集聚发展得出的结论基本一致。

从全国层面上看，一方面，中国生产性服务业的行业集中程度不高，存在逐年降低的趋势，且具有显著的行业差异，其中金融业的行业集中程度最高，信息传输业和交通运输业次之，商务服务业和科技服务业集中程度较低；另一方面，中国生产性服务业地理集聚水平偏低，但其集中趋势具有良好的发展势头，且生产性服务业地理集聚也存在明显的行业差异，信息传输业、商务服务业、科技服务业的地理集中程度较高，金融业、交通运输业的地理集中度处于较低水平。

从区域层面上看，一方面，中国生产性服务业行业集中程度存在区域差异，东北地区集中程度相对较高，中部地区次之，西部地区再次，东部地区最小，且该区域差异不存在明显的行业差别；另一方面，中国生产性服务业地理集中程度也存在明显的区域差异，对各生产性服务行业均有，东部地区地理集中程度较高，其余三大区域地理集中程度较弱，西部地区在交通运输业的集聚发展上具有一定比较优势，中部地区集聚发展比较优势行业为金融行业，东北地区则只在商务服务业的集聚发展领先于中部地区。

从省域层面上看，通过测算区位熵指数衡量产业专业化程度反映产业集聚发展。一方面，存在区域差异，东部地区生产性服务业集聚程度较高，尤其是北京、上海两城市表现极为突出，东北地区中辽宁、吉林两省集聚水平较高，青海、宁夏、内蒙古等西部地区集聚发展较好，而中部六省集聚水平整体偏低；另一方面，在行业差异上，东部地区商务服务业、信息传输、科技服务业集聚发展水平较高，西部地区科技服务业集聚较好，东北及中部地区交通运输业等传统生产性服务业集聚更为突出。

第三，中国生产性服务业集聚的动态演化。根据数据的可得性，选择交通运输、仓储和邮政业与金融业（其他生产性服务行业增加值数据无法获得）作为研究对象，分别运用 logistic 模型拟合 1978～2012 年中国这两类生产性服务行业集聚的动态演化过程，代表性地对中国生产性服务业集聚的发展变化进行定量描述。

一方面，通过构建全国交通运输、仓储和邮政业与金融业集聚的动态演化 logistic 模型进行实证分析发现，中国交通运输集聚发展已经进入快速成长期，而金融集聚系统还处于萌芽时期，说明二者相比，金融集聚起步较晚，但其集聚潜力巨大，最大极限产出远远超过交通运输集聚。

另一方面，对目前集聚发展相对较快的交通运输业进行区域对比看出，北京、辽宁、江西、宁夏交通运输集聚发展各不相同，北京和江西已经进入集聚快速成长阶段，而辽宁和宁夏集聚发展相对较慢，正由萌芽期向快速成长期过渡。这说明中国交通运输业集聚系统正处于成长发展过程中，集聚发展亟待技术创新，唯有不断推动技术创新，为集聚区的发展注入新的生命力，才能保证集聚系统快速发展。

第三章 生产性服务业集聚对经济发展的影响机理

前文的理论和实证分析证明了中国生产性服务业的确存在集聚现象，并且集聚的动态演化大致符合产业集聚的普遍规律，按照生命周期过程逐级推进。而生产性服务业不断向城市中心集聚，产生的集聚效应势必对城市经济发展产生重大影响。这种生产性服务业集聚的经济效应是通过哪些渠道发挥作用的？又是如何发挥作用的？于是，为了探索这些问题的答案，本章从总量和结构两个视角，梳理出生产性服务业对经济增长和对产业结构升级的影响机理，为后文的实证分析提供理论基础。

第一节 生产性服务业集聚对经济增长的影响机理

生产性服务业集聚发展是生产性服务企业之间，以及生产性服务企业与相关联产业机构之间不断协调发展的过程，不仅表现为企业机构在地理上的相互集中，还表现为集聚系统与经济发展的不断融合。特别是服务经济时代的到来，生产性服务业作为服务业最重要的组成部分，它在城市内的集聚能够对当地经济增长的速度和质量产生重大影响。另外，现代信息网络的发展以及劳动力的跨区流动等因素极大促进了城市间的沟通与交流，进而使得生产性服务业集聚区对周边城市经济产生了一定辐射。因此，生产性服务业集聚在影响当地经济增长的同时也能够对邻近城市经济增长产生一定的作用。

本书认为，生产性服务业集聚对经济增长的影响效应主要来源于三个方面：集中效应、扩散效应和创新效应。

一、生产性服务业集聚对经济增长的集中效应

当大量生产性服务企业在一定空间内集聚时，能够通过深化物质资本、积累人力资本和改善市场效率三个方面发挥出对经济增长的集中效应。

（一）物质资本深化机制

物质资本的形成和积累是经济持续增长的基础。古典经济增长理论指出，资本形成是经济增长的决定因素。罗森斯坦·罗丹（Rosenstein Rodan）的"大推进理论"、R. 哈罗德和 E. 多马的"哈罗德—多马经济增长模型"、纳克斯（Ragnar Nurkse）的"贫困恶性循环论"，以及罗斯托（Walt Whitman Rostow）的"起飞模型"等经济增长理论都将物质资本形成置于极其重要的位置上，认为大规模的物质资本积累，能够打破经济发展桎梏、推动经济增长。而生产性服务业集聚在一定程度上能够促进物质资本的形成和积累，进而对经济增长产生持续的推动力。

生产性服务业集聚的物质资本深化主要有两种作用机理：一是外生的物质资本流动机理；二是内生的物质资本创造机理。前者指的是资本由生产性服务业份额较低的城市向生产性服务业较集中的城市流动的过程；后者指的是封闭区域内，即资本无法跨区域流动的情况下，城市间由于资本回报率的差别而产生的资本积累程度的差异。

1. 物质资本的跨区域流动

1995年，Baldwin和Martin提出"游走型"资本模型（footloose capital model，FC），用以揭示产业集聚引起的物质资本的跨区域流动。FC模型假设有A、B两个地区，两种生产部门，生产需要物质资本与劳动力两种投入要素，其中物质资本可以在区域间自由流动，而劳动力即物质资本所有者不能跨区流动。通过证明，Baldwin和Martin认为若A地的初始物质资本存量较高，生产企业会由B地向需求规模较大的A地集中，同时带动物质资本流入A地，故A地的人均资本提高，资本得以深化。换言之，产业在特定地理区域的集聚能够引发物质资本在该区域的积累。

2. 物质资本区域内创造

1999年，Baldwin进一步建立内生式的资本创造模型（endogenous constructed capital model，CC）对产业集聚与物质资本创造之间的互动关系进行了研究。CC模型假设，A、B两地区除两个生产部门外，还有一个专门提供资本的部门，可称之为资本创造部门。生产部门的产品是可贸易的，而资本创造部门产出的资本不可贸易且无法跨区域流动。通过模型分析，Baldwin证明，初始资本存量较高的A地具有更高的资本回报率，使得该地区居民对本地企业的投资不断提高并超过初始资本存量，从而引起该地区企业数量增加、产出增长、人均资本回报率上升，从而进一步刺激居民追加投资，引起地区资本积累。然而与A地相反的是，B地由于资本回报率较低，会对当地居民的投资产生消极影响，使得当地资本存量不断降低，导致企业数量不断减少，进而引起产出减少，人均资本回报率下降，进而引发地区资本退化。

综上所述，生产性服务业集聚能够通过促进地区物质资本深化从而到达推动经济增长目的。这一机理主要借助两条途径得以实现，如图3-1所示。

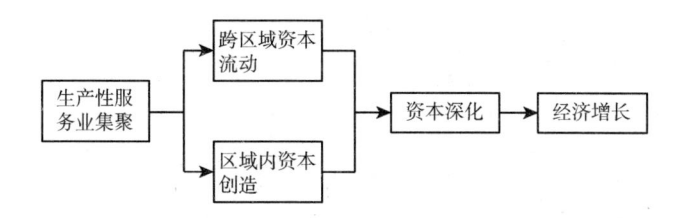

图 3-1　生产性服务业集聚对经济增长的物质资本深化机制

（二）人力资本积累机制

人力资本是劳动力质量的反映，由凝聚在劳动者身上的知识、技术、能力和健康等具有经济价值的素质构成。自新经济增长理论出现以来，人力资本对经济增长的积极作用已受到广泛关注。新经济增长理论将人力资本的影响划分为两大类：第一类以 Uzawa（1965）和 Lucas（1988）为代表，他们认为经济增长源于人力资本的积累，积累速率的不同导致了经济增长率的差异；第二类以 Romer（1990）、Nelson 和 Phelps（1966）为代表，他们认为即使不存在人力资本积累，只要有可用的人力资本存量就会有经济增长，人力资本存量水平将对技术进步产生影响，进而影响经济增长。而就产业集聚观点来看，生产性服务业集聚对城市人力资本积累的促进主要表现为以下三个方面：知识学习和积累、人力资本投资激励以及城市人力资本自我强化。

1. 知识学习和积累效应

最早提出产业集聚能够通过知识学习和积累促进人力资本积累的是英国经济学家马歇尔，而后美国经济学家 Glaeser（1999）构建了一个两期劳动模型，对马歇尔提出的假说进行了理论证明。两期劳动模型假设劳动者的寿命为两期，在每一期劳动者都要在产业密集地区和产业分散地区之间进行选择，作为他们的工作地。在第一期，非熟练的劳动者可能变成具备某种技能的熟练劳动者。与熟练工互动交流是非熟练工学习掌握专业技能的主要途径，于是非熟练劳动者工作区域的规模大小和包含熟练工的数量对其成为熟练工的概率大小具有决定性作用。劳动者之间的互动交流会随着产业集聚发展而增加,而学习速度又随着劳动者间的接触增多而提升。因此,在产业集聚地区,劳动者之间交流频繁,有助于他们更好地学习和掌握专业技能,从而促进集聚区域的人力资本积累,促进经济增长。

2. 人力资本投资激励效应

2000年,Rotemberg和Saloner采用瓦尔拉斯拍卖机制对产业集聚的人力资本投资激励效应进行了证明。在产业集聚区内,具有专业技能的熟练劳动者可以自由挑选符合心意的潜在雇主(相互竞争的企业),这不仅能为他们带来更高的工资收益还降低了失业风险,使熟练劳动者能够很快收回进行专业技能培训的前期投资,因此对集聚区内非熟练劳动者积极进行专业化人力资本投资产生了激励作用。Glaeser和Mare(2001)、Yankow(2006)的研究也发现,产业集聚区内,具备专业技能的熟练劳动者与缺乏经验的新手之间的工资和工资增长速度的差距都较大,前者比后者更占优势,这是激发劳动者进行人力资本投资的重要因素。另外,产业集聚区内就业竞争持续加剧,为保持就业竞争优势,劳动者和企业必须不断追加人力资本投资。

3. 区域人力资本自我强化效应

2009年,Waldorf利用劳动力市场存量——流量模型进行实证研究,得出城市外来劳动力的人力资本水平是由本地拥有的人力资本存量决定的。另外,Berry和Glaeser(2005)的实证研究也发现,学历较高的雇主更倾向于选择高学历的雇员,这是大都市地区劳动力受教育水平普遍较高的重要原因之一。因此,产业集聚程度较高的地区本身具有一定人力资本存量优势,凭借该优势又能够吸引更多的高素质劳动者,从而不断强化该地区的人力资本优势。

综合以上三点分析,生产性服务业集聚能够对地区人力资本积累产生积极作用,从而促进经济增长,三者之间的关系如图3-2所示。

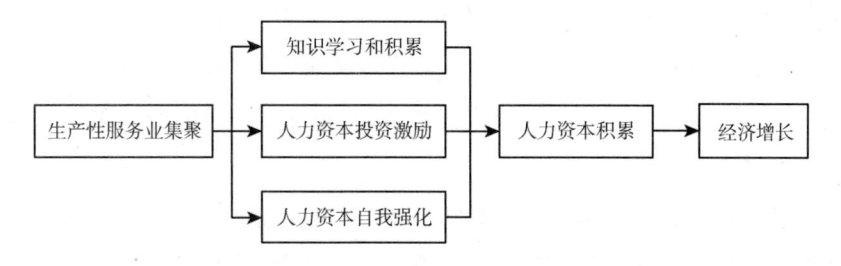

第三章 生产性服务业集聚对经济发展的影响机理 89

图 3-2 生产性服务业集聚对经济增长的人力资本积累机制

（三）市场效率改善机制

高效率的市场环境是经济健康快速发展的前提，而产业集聚发展能够促进市场效率的不断完善。英国经济学家马歇尔，以及区位理论的代表人物德国经济学家屠能、韦伯和勒斯，先后就产业集聚对市场效率的改善效应进行了研究。当代空间经济学将该效应归纳为以下三个方面：专业化分工、改善劳动力——雇主间匹配度、节约贸易成本。

1. 专业化分工

亚当·斯密指出专业化分工是生产规模报酬递增的来源，而马歇尔认为，产业集聚能够推动专业化分工不断深化。因此，产业集聚能够通过不断增进专业化分工最终促进城市经济增长。另外，根据对生产性服务业集聚形成机理分析，社会专业化分工的出现是产业集聚现象产生的基础，于是，产业集聚与专业化分工之间存在着相辅相成、互为因果的关系。Raham 和 Fujita（1990）就通过构建垄断竞争市场结构的单中心城市模型，证实了它们这种循环因果联系。

2. 改善劳动力——雇主间匹配度

产业集聚对劳动力市场匹配度的影响是集聚改善市场效率的重要方面。Helsley 和 Strange（1990）、Coles 和 Smith（1998）、Mion 和 Naticchioni（2005）、Anderson 等（2006）、Venables（2011）等学者们分别从理论和实证上对产业集聚的劳动力市场匹配效应进行了研究。他们认为，产业在特定区域内集聚会形成一个好的专业化劳动力市场，从而降低企业雇主和劳动者之间的搜寻成本，提高他们之间的匹配度。而劳动力——雇主之间的匹配程度越高，劳动生产率越高，则经济增长越快。

3. 节约贸易成本

贸易成本包含运输成本、政策成本、信息成本、管理成本和分销成本等，是商品由生产者流转至消费者这一过程中所包含的所有成本。产业集聚对贸易成本的影响研究始于德国的古典区位理论，新地理经济学在前人研究的基础上明确了贸易成本与产业集聚的关系。他们认为，产业集聚缩小了企业与中间供应商和消费市场之间的地理距离，于是，一方面，集聚引起的运输成本和交易成本的降低可以节约企业的中间投入成本；另一方面，集聚区内交易频繁，市场需求类似，区域内企业不易受到贸易关系改变等不确定因素的影响。因此，产业集聚能够节约贸易成本，进而完善市场效率。

综上所述，生产性服务业集聚通过三个中间媒介对市场效率的改善、作用机制，如图3-3所示。

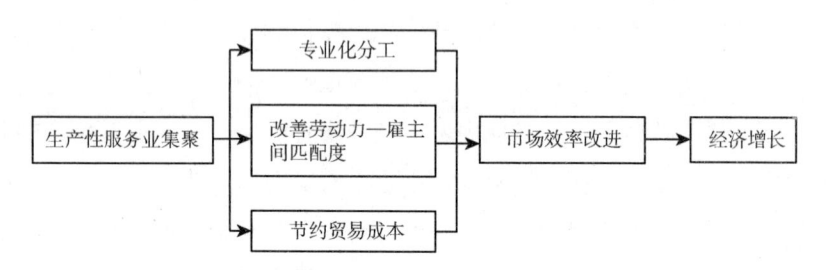

图3-3 生产性服务业集聚对经济增长的市场效率改善机制

二、生产性服务业集聚对经济增长的扩散效应

生产性服务业集聚对经济增长的扩散效应又可称之为外部性，主要分为外部规模经济和动态外部性。

(一) 外部规模经济机制

外部规模经济是指当某产业规模扩大时,该产业中各企业平均成本下降,规模收益递增的现象。外部规模经济能够促进经济增长,而产业集聚是外部规模经济效应的重要来源之一。

最早提出产业集聚规模扩张会产生外部规模经济效应这一观点的是英国经济学家马歇尔。随后以 Alonso 和 Henderson 为代表的城市经济学家、以 Krugman 为代表的新经济地理学家都对产业集聚规模扩张与外部规模经济效应变化之间的关系进行了大量研究,得出了产业集聚和外部规模经济呈倒"U"型曲线变化的结论。这说明产业集聚的外部规模经济是有一定限度的,他们之间存在一个"拐点",在达到该拐点后,产业集聚的外部规模不经济效应(如高度集聚带来的资源匮乏、恶性竞争等)便会迅速上升,逐渐超过外部规模经济效应,导致集聚经济发展停滞不前,甚至下降。

(二) 动态外部性机制

外部性是指经济主体在从事某一经济活动时对其他经济主体福利产生的影响,这种影响会带来私人成本和社会成本的不一致性。而动态外部性则用于描述空间外部性所产生的互动经济效益,它可以通过产业集聚发展获得。动态外部性形式多样,包括"干中学"效应、技术外部性,以及市场规模与企业区位间的循环累积因果效应等。迄今为止的大量研究发现,按其来源不同动态外部性可分为三大类:MAR 外部性(marshall-arrow-romer externalities)或专业化外部性,Jacobs 外部性(jacobs externalities)或多样化外部性,Porter 外部性(porter externalities)或竞争外部性。

1. MAR 外部性

属于同一产业的企业由于空间集聚引起的动态外部性被称为 MAR

外部性或专业化外部性，通过同行业企业之间的知识交流与积累而产生。最早认识到同行业企业间集聚能够促进知识溢出的是马歇尔，阿罗将马歇尔的思想模型化，提出著名的"干中学"效应，罗默进一步将知识作为一个要素纳入生产函数中提出内生经济增长理论。

对以往的研究进行归纳，可以将 MAR 外部性促进经济增长的作用机制总结为四个相互链接的环节：首先，市场需求的改变会激励理性经理人启动技术升级；其次，新技术的研发需要投入一定成本，但一旦技术研发成功，可以无偿地被重复使用；再次，同行业企业间的相互集聚促进人员和知识互动，使技术创新在企业间共享并产生知识溢出效应；最后，技术进步进一步推动物质资本深化和人力资本积累，通过三种因素的共同作用，促进经济增长。因此，MAR 外部性理论认为产业专业化有利于经济增长。

2. Jacobs 外部性

属于不同产业的企业由于空间集聚引起的动态外部性被称为 Jacobs 外部性或多样化外部性。Jacobs 外部性于 1969 年由城市经济学家雅各布斯的研究提出，他认为多种产业在某地区高度集聚，互补性知识在不同产业间互相传递，学科间的相互碰撞能够激发新技术和新思想的生产，有利于产出的增长。Duranton 和 Puga（2001）采用动态一般均衡模型对多样化外部性进行了验证，认为产业多样化的城市有利于新产品的研发。

因此，与 MAR 外部性不同，Jacobs 外部性认为，与同类产业企业相比，不同产业的企业间更容易产生知识溢出，于是，多元化的产业环境更利于产业增长。然而，MAR 外部性与 Jacobs 外部性并不相互排斥，企业可以根据不同生产阶段的需要在这两种产业环境中进行选择，充分发挥动态外部性效应，促进经济增长。例如，在生产初始阶段，企业可以选择多样化产业环境以便于激发技术创新，而在研发成功后转移至专业化产业环境中，享受规模生产优势，于是，多样化城市和专业化城市得以共存。

3. Porter 外部性

同类产业集聚，企业间相互竞争而引起的动态外部性被称为 Porter 外部性或竞争外部性。Porter 外部性的研究始于"竞争战略之父"波特，他认为，同行业企业集聚营造的竞争环境有利于技术创新，并且他将竞争看作是企业自主创新、学习新知识、改善管理模式的主要动因之一。Aghion 等（2005）的理论研究证明，高度竞争的环境对技术水平十分接近的企业的创新激励效应明显，他们将这种效应称为逃离竞争效应。

与波特类似，雅各布斯也赞同竞争促进知识溢出的观点，认为竞争不仅利于新知识的产生，而且能够吸引补充性投入品的供应企业进入集聚区，从而促进集聚区的专业化分工。

综上所述，虽然三种类型的动态外部性来源各不相同，但是它们对经济增长的影响作用都通过知识外溢效应表现出来（图3-4）。因此，生产性服务业集聚能够通过知识外溢形成动态外部性对经济增长产生促进作用。

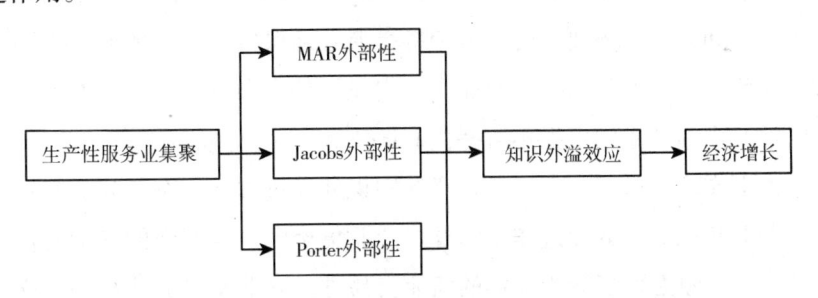

图3-4 生产性服务业集聚对经济增长的动态外部性机制

三、生产性服务业集聚对经济增长的创新效应

生产性服务业集聚对经济增长的创新效应，指的是生产性服务业企业通过集聚产生知识溢出效应推动技术创新，进而引起区域经济增长的

整个作用过程。

企业生产技术具体指在产品和服务的生产过程中，依次从产品设计、产品生产流程到生产的组织管理等各环节知识的综合。技术进步则指的是由于某种外在的冲击引起的企业生产技术的变化。产业集聚能够推动技术进步，而知识溢出是集聚影响企业技术进步的重要手段。

产业集聚的知识溢出效应一直是空间经济学中的热门议题，其中Jeffe 等（1993）、Audretsch 和 Feldman（1996）、Anselin 等（1997）、Caniels（2000）、Wallsten（2001）的研究最具代表性，他们通过实证分析证明产业集聚具有知识溢出效应，且集聚区地理范围越小，知识溢出效应越强；企业的知识外部性越强，生产的地理集中程度也越高。

然而，对不同知识类型而言，产业集聚的知识外溢效应具有一定差异性。知识可分为显性知识（编码化知识）和隐性知识（意会知识），前者是由书面文字、图表、数学公式等直观形式表述出来的知识，后者则是难以通过直观形式表达的，具有缄默性和不可编码化特征的知识，如经验、判断、感觉、技巧等。由于隐性知识的特性，与显性知识相比，隐性知识的传播要求传授者和接受者必须保持经常性的面对面的接触和交流，而产业集聚为面对面交流提供了便利条件。因此，产业集聚在隐性知识的外溢中占据不可替代的地位。

由上文论述可知，在产业集聚的知识外溢过程中，企业间的互动交流机制对知识溢出的促进作用明显。产业集聚区内企业间的互动交流方式多变，大致上可以分为纯粹的商业交易方式和非交易方式两类。交易方式具体指企业间的买卖关系、投入产出关系等，而非交易方式指集聚区内部企业间技术人员流动，企业与大学、研发机构的合作等。集聚区内组成机构通过不同方式进行互动交流，实现了新知识、新思想的共享。集聚区内各机构在互动交流的过程中，会形成较强的社会网络关系，不仅有助于知识、信息的传播，还能够增进相互之间的信任度，有利于进一步开展合作，对完善集聚区的管理制度有益。

综上所述，生产性服务业在某个特定区域内集聚，通过知识在集聚区内的扩散与传播能够提高集聚区的技术水平，从而引起城市经济增长。在知识溢出过程中，集聚的距离优势带来的企业互动交流具有关键作用，能够提高知识在集聚区内的传播速度，进而促进知识创新。因此，生产性服务业集聚、知识溢出、技术进步与经济增长之间的因果关系，如图 3-5 所示。

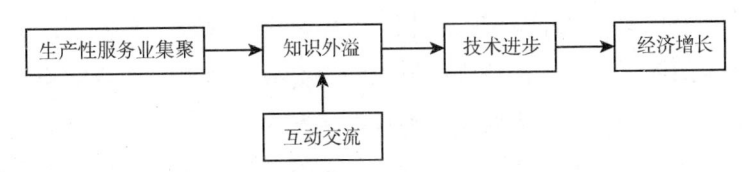

图 3-5　生产性服务业集聚对经济增长的技术创新机制

第二节　生产性服务业集聚对产业结构升级的影响机理

产业结构指的是生产要素在各产业部门之间的比例关系和相互联系。产业经济发展过程中产业部门之间的资源配置并不是一成不变的，它处于不断调整的动态演进过程中，该演进过程就称之为产业结构升级。

有关产业结构升级概念的界定，学术界存在不同的理解。在国外理论中，Poter（1990）根据国家要素禀赋优势理论对产业结构升级的阐述被广泛接受，他认为"产业结构升级指的是资本相对于劳动和其他资源更加充足时，国家或地区在资本和技术密集型产业的发展中具有比较优势"。因此，产业由传统的劳动密集型向资本和技术密集型转变的过程便被称为产业结构升级。Gereffi（1998）在 Poter 的观点上对产业结构升级进行了扩充和细化，他认为产业结构升级大致可以分为四个层次，依次为产品的升级、经济活动层次上的升级、产业结构上的升级、产业与产业间结构上的升级。Schmitz（2002）则以现代企业为核心将产业结构升级划分为以下几种：产品制作工艺的升级、产品质量的升级、产品功能的升级，最后为产业链条的结构升级。在国内针对产业结构升级概念的探讨同样是一个不断演进的过程，早期国内对该问题的研究较为简单，基本沿用 Poter 的研究思路，将产业结构升级看作是产业结构水平由低附加值向高附加值的转变过程（傅利平，1995；刘志彪，2000）。随着研究的深入，关于产业升级概念的研究成果增多，产业结构升级内涵扩展为：其一，包含由农业经济社会逐渐向工业经济社会过渡，最终到达服务经济社会的演变过程；其二，包含由劳动密集型产业为主向资本和技术密集型产业为主演变的产业结构调整过程；其三，将产业链的升级纳入其中，具体表现为由生产低端制造业初级产品为主逐步过渡为主要生产科技含量较高的高附加值中间产品和最终产品（张俊，2006；冯艳丽，2009）。

根据已有研究成果，可将产业结构升级定义为某国家或地区的产业结构由以第一产业为主逐步过渡为以第三产业为主，并且各产业内部劳动效率不断提高，科技水平不断增强，并实现可持续发展的动态过程。因此，由产业结构升级概念的内涵可以看出，推动农业经济和工业经济逐步向服务经济转变是产业结构升级的最终目标之一，而生产性服务业作为服务业中最重要的组成部分，其在区域内的集聚发展势必对本地区及周边地区的产业结构升级产生重要影响。

本书将从生产性服务业集聚的创新机制、效率机制和传导机制三个方面，对生产性服务业集聚的产业结构升级效应进行理论分析。

一、生产性服务业集聚对产业结构升级的创新机制

生产性服务企业通过集聚发展产生知识溢出效应提高区域创新能

力,从而推动产业结构升级的整个作用过程,被称为生产性服务业集聚对产业结构升级的创新机制。

生产性服务业集聚能够通过知识溢出对产业结构升级产生影响。首先,生产性服务业企业在某个特定区域内集聚,使得集聚区内企业和机构通过交易方式和非交易方式进行的互动交流增多。一方面,这在一定程度上促使了新知识和新思想的产生;另一方面,也有利于社会网络关系的形成,进而加快了知识在区域内的传播和扩散速度。这两方面作用从整体上推动了区域技术创新,有利于区域创新环境的形成。其次,区域创新能力的提高能够推动产业技术升级。产业技术升级是以企业科技创新为前提的,区域创新环境的建立有助于企业进行技术革新,推动企业从产品制作工艺上的创新到产品质量上的升级,直至产品功能上的升级,最终形成产业链条上的结构升级。最后,通过产业链上的结构升级能够带动相关产业发展,促进生产要素的高效配置,逐步实现由以低附加值、低技术的产业为主向以高附加值、高技术产业为主演进,实现生产性服务业,以及三大产业之间的产业结构调整和升级。

综上所述,生产性服务业集聚,能够通过提高区域创新能力从而达到产业结构升级的目的,如图3-6所示。

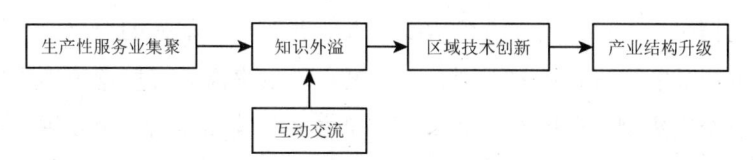

图3-6 生产性服务业集聚对产业结构升级的创新机制

二、生产性服务业集聚对产业结构升级的效率机制

生产性服务业集聚对产业结构升级的效率机制,是指生产性服务业

集聚通过改善市场效率、调节资源配置效率达到促进产业结构升级目标的过程。

(一) 市场效率改善机制

根据前文的理论分析,生产性服务业集聚能够通过专业化分工、改善劳动力—雇主间匹配度、节约贸易成本的方式对市场效率进行调节,逐步形成一个高度开放、自由的产业市场。

产业结构升级不仅体现在三大产业产值上的优化,还体现在高效的产业市场环境中。由生产性服务业集聚发展引起的生产性服务业市场的开放度和自由化水平的提高,会引发相关联产业市场的革命性发展,通过自由竞争,逐渐打破关联产业市场传统的垄断利益分配格局,为产业结构升级营造良好的外围环境。

(二) 资源配置效率优化机制

生产性服务业企业在区域内的高度集聚,增进了集聚区内生产性服务企业之间,以及它们与相关联产业企业、机构之间的联系,有利于集聚区内信息网络的形成。完善的社会经济信息网络有利于降低信息交易成本,实现信息共享,促进集聚区内企业信誉机制的建立。在信息高度公开的情况下,区域内投资机构或个人能够凭借其掌握的信息,对不同产业的成长能力进行有效识别,给予投资回报率高、市场竞争力强的技术和资金密集型产业以有效支撑,推动这些产业部门的快速发展。而针对投资收益较低,缺乏市场竞争力的劳动密集型产业,可以适量减少投资。于是,区域中各种生产要素资源会从低效率部门转向高效率部门,由衰退产业转向新兴产业。这种资源配置效率的优化机制将逐步推动产业结构升级。

综上所述,生产性服务业集聚能够通过改善市场效率、调节资源配置效率促进产业结构升级,如图 3-7 所示。

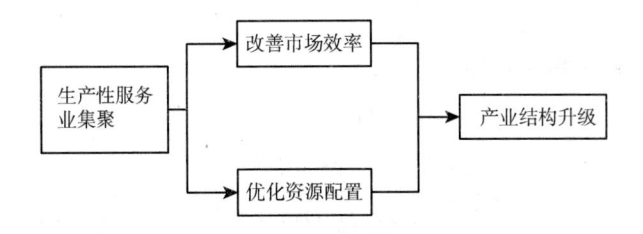

图 3-7　生产性服务业集聚对产业结构升级的效率机制

三、生产性服务业集聚对产业结构升级的传导机制

生产性服务业集聚对产业结构升级的传导机制，是指生产性服务业集聚通过供给和需求两方面的传导对农业和工业产业影响，进而促进产业结构升级的过程。

作为服务业的重要组成部分，生产性服务业集聚产生的规模经济效应和正向外部性都必将直接促进服务业的发展，而服务经济的繁荣又将对相关联的第一、第二产业产生重要影响。

（一）供给传导机制

从供给上看，这种传导机制主要通过劳动供给发生作用。服务业的繁荣通常伴随着城镇化的推进，城镇化水平的提高使得城市劳动力需求增大，大量农村劳动力转移到城镇。一方面，将劳动力从土地中解放出来，为农业机械化的开展提供了良好的契机，对发展现代化农业具有一定的促进作用；另一方面，农村劳动力进城务工，也为城镇化建设中第二产业的发展提供了充足的劳动力资源，进而推动了工业化于城镇化的协调发展。因此，生产性服务业集聚能够通过劳动供给推动第一、第二产业发展，促进产业结构优化升级。

(二) 需求传导机制

从需求上看，一方面，生产性服务业的繁荣会引起需求结构发生改变，而需求结构的变化将会拉动产业结构进行调整。生产性服务业多属于知识和资本密集型产业，其服务产品的科技文化含量较高，对该类产品的需求扩张，将促使消费者消费模式和理念发生改变，在消费中提高对产品的技术创新、知识含量的要求。因此，这种产品需求结构上的改变将在一定程度上对产业结构升级产生影响。另一方面，服务经济的发展将有效提高农村转移劳动力的收入水平，同时在农业生产中，由于农村劳动人口的减少，农业生产效率将有所提高，农民收入水平也将得到提升。这些将引致工业产品的消费需求的增加，极大地促进第二产业产出的增长，而工业发展不仅能够为农业现代化提供机械化保障和物质支持，同时也对产业链上的相关配套服务提出了新的要求，故生产性服务业集聚对服务业的促进作用，将通过供给在三大产业间形成一种良性的循环传导机制。

综上所述，生产性服务业集聚能够通过供给和需求的传导机制促进产业结构升级，如图 3-8 所示。

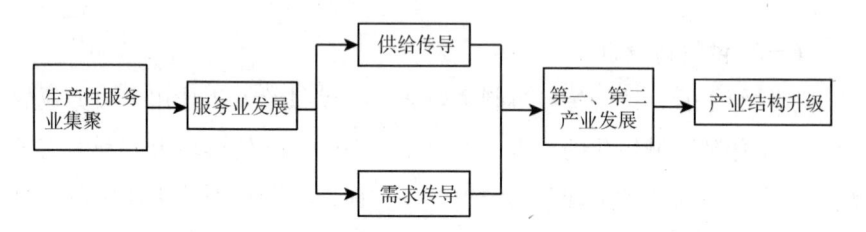

图 3-8　生产性服务业集聚对产业结构升级的传导机制

本章小结

本章从总量和结构两个视角，梳理出生产性服务业对经济增长，以及对产业结构升级的影响机理,为后文的实证分析提供理论基础。

第一,生产性服务业集聚对经济增长的影响机理。生产性服务业集聚对经济增长的影响效应主要来源于三个方面:集中效应、扩散效应和创新效应。

一是集中效应。当大量生产性服务企业在一定空间内集聚时,能够通过深化物质资本、积累人力资本和改善市场效率三个方面发挥出对经济增长的集中效应。生产性服务业集聚的物质资本深化主要有两种作用机理:资本由生产性服务业份额较低的城市向生产性服务业较集中的城市流动;资本无法跨区域流动的情况下,城市间由于资本回报率的差别而产生的资本积累程度的差异。生产性服务业集聚对人力资本积累的促进主要表现为知识学习和积累、人力资本投资激励,以及城市人力资本自我强化。专业化分工、改善劳动力—雇主间匹配度、节约贸易成本,则是生产性服务业集聚对市场效率进行改善的三大中间媒介。

二是扩散效应。生产性服务业集聚对经济增长的扩散效应又可称之为外部性,主要分为外部规模经济和动态外部性。一方面,外部规模经济是指当某产业规模扩大时,该产业中各企业平均成本下降、规模收益递增的现象。外部规模经济能够促进城市经济增长,而生产性服务业集聚是外部规模经济效应的重要来源之一。另一方面,按来源不同动态外部性可分为三大类:MAR 外部性或专业化外部性,Jacobs 外部性或多样化外部性,Porter 外部性或竞争外部性。虽然三种类型的动态外部性来源各不相同,但是它们对经济增长的影响作用都通过知识外溢效应表现出来。

三是创新效应。生产性服务业在某个特定区域内集聚,通过知识在集聚区内的扩散与传播能够提高集聚区的技术水平,从而引起经济增长,这一过程被称为生产性服务业集聚对经济增长的创新效应。在知识溢出过程中,集聚的距离优势带来的企业互动交流具有关键作用,能够提高知识在集聚区内的传播速度,进而促进知识创新。

第二，生产性服务业集聚对产业结构升级的影响机理。生产性服务业集聚的产业结构升级效应同样具有三个来源，分别为生产性服务业集聚的创新机制、效率机制和传导机制。

一是创新机制。与生产性服务业集聚对城市经济增长的创新效应类似，生产性服务企业通过集聚发展，产生知识溢出效应，提高区域创新能力，从而推动产业结构升级的整个作用过程，被称为生产性服务业集聚对产业结构升级的创新机制。

二是效率机制。生产性服务业集聚对产业结构升级的效率机制，是指生产性服务业集聚通过改善市场效率、调节资源配置效率，达到促进产业结构升级目标的过程。一方面，生产性服务业集聚对市场效率的改善能够促使市场的开放度和自由化水平的提高，从而引发相关联产业市场的革命性发展，通过自由竞争，逐渐打破关联产业市场传统的垄断利益分配格局，为产业结构升级营造良好的外围环境。另一方面，生产性服务业集聚能够调节资源配置，使区域中各种生产要素资源从低效率部门转向高效率部门，由衰退产业转向新兴产业。这种资源配置效率的优化机制将逐步推动产业结构升级。

三是传导机制。生产性服务业集聚对产业结构升级的传导机制，是指生产性服务业集聚通过供给和需求两方面的传导，对农业和工业产业影响，进而促进产业结构升级的过程。一方面，生产性服务业集聚能够通过转移农村劳动力，调整劳动供给，推动第一、第二产业发展，促进产业结构优化升级。另一方面，生产性服务业的繁荣会引起需求结构发生改变，而需求结构的变化将会拉动产业结构进行调整。

第四章　中国生产性服务业集聚对经济增长的影响

　　生产性服务业集聚对经济增长的作用机理分析揭示，生产性服务业集聚发展能够通过集中效应、扩散效应、创新效应对经济增长产生重大影响。因此，基于该理论基础，为了具体说明中国生产性服务业集聚对经济增长的影响力效果，本章将以全国281个城市为样本，就中国生产性服务业集聚对经济增长的影响效应进行实证检验。

　　前文中国生产性服务业集聚测度结论显示，生产性服务业整体集聚和分行业集聚状况存在一定差异，故二者对经济增长的影响程度可能并不相同。因此，生产性服务业集聚影响经济增长的实证检验将分为两个不同层面：一方面揭示生产性服务业整体集聚对经济增长的影响；另一方面探索生产性服务业集聚对经济增长影响的行业间差别。

　　在区域经济问题的研究中，经济增长的跨区域外溢是一个不容忽视的现象，即区域经济增长在空间上存在明显的自相关性。特别是随着全球经济一体化的深入，各城市之间的经济联系越来越密切，城市经济增长的空间关联程度也势必会不断提高。而且，生产性服务业集聚发展能够带来新知识和新技术的跨区域外溢，故生产性服务业集聚效应具备明显的空间溢出性。因此，在分析生产性服务业集聚对经济增长影响时，空间相关性问题不容忽视，仅仅关注生产性服务业集聚对城市内部经济增长的影响，而忽略城市间的相互联系，容易导致分析结果有偏。故本书尝试运用空间统计分析方法,对生产性服务业集聚与经济增长的关系进行研究。

第一节 空间分析方法简介

一、MoranI 指数

为了考察生产性服务业集聚对城市经济增长的空间影响效应,需要明确城市经济增长的空间自相关性与相关程度。在理论上通常使用空间自相关指数——MoranI 指数对经济现象的空间自相关性及相关程度进行度量。MoranI 指数由美国经济学家 Anselin 于 1988 年提出,并被定义为:

$$\text{MoranI} = \frac{n \sum_{i=1}^{n} \sum_{j=1}^{n} w_{ij}(x_i - \bar{x})(x_j - \bar{x})}{\sum_{i=1}^{n} \sum_{j=1}^{n} w_{ij} \sum_{i=1}^{n} (x_i - \bar{x})^2} \quad (4-1)$$

在式 (4-1) 中,令 $S^2 = \frac{1}{n} \sum_{i=1}^{n} (x_i - \bar{x})^2$ 可得:

$$\text{MoranI} = \frac{\sum_{i=1}^{n} \sum_{j=1}^{n} w_{ij}(x_i - \bar{x})(x_j - \bar{x})}{S^2 \sum_{i=1}^{n} \sum_{j=1}^{n} w_{ij}} \quad (4-2)$$

在式 (4-1) 和式 (4-2) 中, $\bar{x} = \frac{1}{n} \sum_{i=1}^{n} x_i$,$x_i$ 代表第 i 个空间单元的观测值,n 为空间单元数,w_{ij} 为空间权重矩阵元素。

由式 (4-2) 可知,$-1 \leq \text{MoranI} \leq 1$,当 $\text{MoranI} > 0$ 代表经济现象存在空间正相关;当 $\text{MoranI} < 0$ 代表经济现象存在空间负相关。MoranI

指数的绝对值代表经济现象空间相关程度大小，绝对值越大空间相关程度越大，反之则越小。

二、空间面板计量模型

在证实经济现象的确存在空间自相关性后，可以将空间因素纳入计量模型中建立空间计量模型进行实证研究。考虑到空间数据的非匀质性，Anselin（1988）在经典计量模型的基础上对空间计量模型进行了系统研究。由于空间因素引入方式的不同，空间计量模型主要分为空间自回归模型（spatial autoregressive model，SAR）、空间误差模型（spatial error model，SEM）。前者侧重于研究某个城市经济现象对其相邻城市经济现象产生的直接影响；后者则强调两个相邻城市由于具有某些相似特性，在受到外界冲击时，其经济现象会表现出相似的波动特征。在实际应用时，需要根据具体经济现象选择空间计量模型进行分析。

空间自回归模型用矩阵向量形式表示为：

$$Y = \mu + \rho WY + \beta X + \varepsilon \qquad (4-3)$$

其中，Y 代表被解释向量；X 为解释变量矩阵；μ 为常数项；β 代表解释变量对被解释变量的影响系数向量；ρ 为空间自相关系数，能够揭示被解释变量 Y 在空间上是否存在相互影响并反映其影响程度大小和方向；W 为空间权重矩阵，空间权重矩阵是一个主对角线元素都为 0 的对称矩阵，用来表示不同城市之间的相互影响关系；ε 为随机扰动项。

空间误差模型与空间自回归模型的基本设定不同，其矩阵向量表达形式如下：

$$Y = \mu + \beta X + u, \quad u = \lambda W u + \varepsilon \qquad (4-4)$$

其中，Y 代表被解释向量；X 为解释变量矩阵；μ 为常数项；β 为解释变量的影响系数向量；W 为空间权重矩阵；但扰动项 u 发生了变化，它由两部分组成，即 ε 为满足经典假设的随机扰动项，另一部分中 λ 为空间误差系数，反映城市经济现象波动对相邻城市的空间溢出。

当空间相关性还体现在解释变量中时，则有空间杜宾模型（spatial derbin model，SDM）。SDM 模型是由 Anselin（1988）在 Durbin 的残差自相关时间序列模型的启发下设定的，故命名为空间杜宾模型，其基本设定形式为：

$$Y = \rho WY + \beta_1 X + \beta_2 WX + \varepsilon \qquad (4-5)$$

其中，Y 代表被解释向量；X 为解释变量矩阵；β_1 代表其影响系数向量；WY 为空间滞后因变量向量；ρ 为空间自相关系数；WX 为空间滞后解释变量；β_2 代表其对因变量的影响系数向量，能够反映其他城市解释变量对因变量的影响。

为了拓展空间计量的应用范围，Anselin 于 1997 年首次对空间计量截面模型进行了改进，在横截面的基础上加入时间维度，将空间计量方法延伸至对面板数据的处理中。

因此，根据式（4-3）所代表的截面空间自回归模型，加入时间 t 后，可得如下空间面板自回归模型：

$$Y_{it} = \mu_i + \beta X_{it} + \rho \sum_{j=1}^{N} W_{ij} Y_{jt} + \varepsilon_{it}, \quad i = 1, \cdots, N, \quad t = 1, \cdots, T \qquad (4-6)$$

根据截面空间误差模型式（4-4）可得空间面板误差模型：

$$Y_{it} = \mu_i + \beta X_{it} + u_{it}, \quad u_{it} = \lambda \sum_{j=1}^{N} W_{ij} u_{jt} + \varepsilon_{it}, \quad i = 1, \cdots, N, \quad t = 1, \cdots, T \qquad (4-7)$$

根据截面空间杜宾模型式（4-5）可得空间面板杜宾模型：

$$Y_{it} = \rho \sum_{j=1}^{N} W_{ij} Y_{jt} + \beta_1 X_{it} + \beta_2 \sum_{j=1}^{N} W_{ij} X_{jt} + \varepsilon_{it}, \quad i = 1, \cdots, N, \quad t = 1, \cdots, T \qquad (4-8)$$

在式（4-6）、式（4-7）和式（4-8）中，各参数代表含义与式（4-3）、式（4-4）和式（4-5）一致。

三、空间相关性检验与模型选择

根据空间因素对经济活动的不同影响途径，空间计量模型的设定存在区别。在实际应用中，如何判断经济活动的空间相关性，进而选择合适的空间计量模型进行实证研究至关重要。空间相关性检验方法的提出解决了这一难题。

对经济现象的空间相关性进行检验，通常具有以下几种方法，Moran I 检验法、拉格朗日乘数形式检验法（LMLAG、LMERR）及其稳健形式检验法（R-LMLAG、R-LMERR）。

Anselin 等学者于 2004 年指出，若 LMLAG 检验较 LMERR 检验结果在统计上更具有显著性，并且 R-LMLAG 显著而 R-LMERR 并不显著，那么合适的模型为空间自回归模型（SAR）；反之，若 LMERR 检验比 LMLAG 检验在统计上更加显著，且 R-LMERR 显著而 R-LMLAG 不显著，则空间误差模型（SEM）更适合。[①]

四、空间计量模型的估计

采用普通最小二乘方法（ordinary least squares，OLS）对空间计量模型进行参数估计，会造成参数估计结果出现偏误。具体来说，普通最小二乘将会导致空间自相关模型估计参数的有偏非一致性，并且这种偏误并不能通过扩大样本容量进行纠正；而空间误差模型的最小二乘估计

---

① Anselin L. Spatial Econometrics：Methods and Models，Dordrecht：*Kluwer Academic publishers*，1988.

值虽然是无偏的，但其估计方差较大并不具有有效性（Anselin，1988）。

Anselin（1988）指出，使用极大似然估计方法（maximum likehood，ML）能够克服普通最小二乘法在空间计量模型估计上的缺陷，得到空间计量模型的有效参数估计值。空间计量模型的极大似然参数估计研究较为成熟，首先在一定假设条件下将计量模型变换成相应的对数似然函数，然后通过偏导数运算求解该对数似然函数的最大最小值得到参数的极大似然估计值。

第二节 空间计量模型的建立

一、基础模型设定及变量说明

在不考虑城市间贸易和资本要素流动时，假定城市经济增长与其影响因素之间的总量生产函数可以由 Cobb-Douglas 函数表示为：

$$Y = A^{\lambda} K^{\alpha} L^{\beta} (0 < \alpha < 1, 0 < \beta < 1) \tag{4-9}$$

其中，A 代表技术进步；Y 为城市经济增长水平；K 和 L 分别为资本和劳动投入；λ、α 和 β 分别代表技术、资本和劳动的弹性系数。

对式（4-9）两边取自然对数，可以得到以下线性方程模型：

$$\ln Y_t = \lambda \ln A + \alpha \ln K + \beta \ln L + \varepsilon_t \tag{4-10}$$

若假设城市技术进步水平不变且令 $\lambda \ln A = \beta_0$，$\alpha = \beta_1$，$\beta = \beta_2$，则式（4-10）变为：

$$\ln Y_t = \beta_0 + \beta_1 \ln K + \beta_1 \ln L + \varepsilon_t \tag{4-11}$$

将生产性服务业集聚对经济增长的影响纳入模型生产函数中，可得：

$$\ln Y_t = \beta_0 + \beta_1 \ln K + \beta_2 \ln L + \beta_3 \ln SA + \varepsilon_t \qquad (4-12)$$

其中，SA 代表生产性服务业集聚因子。

综合理论模型与数据可得性，选用以 2003 年为基期进行不变价处理的人均城市生产总值来衡量城市经济增长，用 PCGDP 表示；选用城市固定资产投资总额占全国的比重来衡量资本投入，用 KI 表示；选用城市单位从业人员数占全国的比重来衡量劳动投入，用 LI 表示；选用生产性服务业集聚的区位熵指数衡量生产性服务业整体集聚水平，用 SA 表示，故各生产性服务行业内部集聚的区位熵指数分别用 SA_1、SA_2、SA_3、SA_4、SA_5 表示。

为了提高自由度和有效性，尽可能地得到可靠的实证结果，同时兼顾数据的可得性，本书将 2003~2012 年全国 281 个地级以上城市的面板数据纳入样本进行实证检验①。

根据本书对生产性服务业外延的界定及数据可得性，选择交通运输和邮政业（以下简称"物流业"）、信息传输计算机服务和软件业（以下简称"信息服务业"）、金融业、租赁和商务服务业（以下简称"商务服务业"），以及科学研究技术服务和地质勘探业（以下简称"科技服务业"）五大生产性服务行业的数据进行实证分析。

模型中具体变量说明如表 4-1 所示，各变量的原始数据主要来源于《中国城市统计年鉴》（2004~2013 年）。

表 4-1　　　　　　　　　　　变量说明

变量	变量名称	变量说明
PCGDP	人均城市生产总值	各城市人均生产总值，以 2003 年为基期进行不变价调整
KI	资本投入	各城市固定资产投资总额占全国的比重
LI	劳动投入	各城市单位从业人员数占全国的比重
SA	生产性服务业集聚度	各城市生产性服务业区位熵指数

---

① 从全国 287 个地级以上城市中，剔除数据缺失或各年份统计口径不一的 6 个城市（分别为呼伦贝尔市、巢湖市、拉萨市、陇南市、吴忠市、中卫市）后组成 281 个样本城市。

续表

变量	变量名称	变量说明
SA_1	物流业集聚度	各城市交通运输业和邮政业区位熵指数
SA_2	信息服务业集聚度	各城市信息传输计算机服务和软件业区位熵指数
SA_3	金融业集聚度	各城市金融业区位熵指数
SA_4	商务服务业集聚度	各城市租赁和商务服务业区位熵指数
SA_5	科技服务业集聚度	各城市科学研究技术服务和地质勘探业区位熵指数

样本数据的描述性统计如表4-2所示，分别按年份汇报了各变量的集中趋势和离散趋势水平。为了避免极端值的影响，选择均值和中位数两个统计指标反映样本数据的集中趋势，而离散趋势由方差进行描述。

表4-2　　　　　　　　　描述性统计

年份	指标	PCGDP	KI	LI	SA	SA_1	SA_2	SA_3	SA_4	SA_5
2003	均值	11558.9	0.004	0.004	0.864	0.852	0.902	1.055	0.694	0.707
	中位数	8302.0	0.002	0.003	0.795	0.758	0.821	1.027	0.539	0.551
	方差	10003.5	0.005	0.005	0.282	0.414	0.417	0.325	0.550	0.534
2004	均值	13906.3	0.004	0.004	0.833	0.839	0.786	1.058	0.618	0.705
	中位数	10000.0	0.002	0.002	0.769	0.724	0.728	1.035	0.491	0.549
	方差	11846.1	0.005	0.006	0.276	0.422	0.368	0.319	0.516	0.533
2005	均值	15684.2	0.004	0.004	0.833	0.834	0.834	1.073	0.571	0.752
	中位数	11811.0	0.002	0.002	0.767	0.705	0.798	1.042	0.455	0.608
	方差	12544.0	0.005	0.006	0.282	0.452	0.371	0.337	0.508	0.540
2006	均值	18232.8	0.004	0.004	0.828	0.824	0.842	1.022	0.635	0.723
	中位数	13338.0	0.002	0.002	0.763	0.699	0.782	0.993	0.472	0.573
	方差	14439.6	0.005	0.004	0.303	0.467	0.394	0.338	0.611	0.537
2007	均值	21772.4	0.004	0.004	0.824	0.825	0.816	1.011	0.632	0.725
	中位数	16330.0	0.002	0.003	0.771	0.694	0.755	0.983	0.471	0.565
	方差	16602.1	0.004	0.004	0.306	0.480	0.424	0.341	0.623	0.545

续表

年份	指标	PCGDP	KI	LI	SA	SA_1	SA_2	SA_3	SA_4	SA_5
2008	均值	25789.0	0.004	0.004	0.811	0.808	0.796	1.010	0.632	0.699
	中位数	19809.0	0.002	0.002	0.757	0.685	0.766	0.968	0.454	0.548
	方差	18999.7	0.004	0.005	0.299	0.478	0.416	0.346	0.621	0.545
2009	均值	28358.1	0.004	0.004	0.813	0.802	0.808	1.014	0.623	0.716
	中位数	22496.0	0.002	0.002	0.754	0.674	0.737	0.994	0.475	0.539
	方差	20523.1	0.004	0.005	0.305	0.476	0.493	0.347	0.567	0.614
2010	均值	33454.9	0.004	0.004	0.796	0.792	0.777	1.004	0.600	0.689
	中位数	26730.0	0.002	0.002	0.746	0.658	0.699	0.973	0.442	0.521
	方差	22807.6	0.004	0.005	0.302	0.477	0.542	0.350	0.556	0.534
2011	均值	39034.6	0.004	0.004	0.813	0.790	0.786	1.014	0.635	0.717
	中位数	32246.0	0.002	0.002	0.782	0.650	0.723	0.969	0.481	0.576
	方差	24331.7	0.004	0.005	0.302	0.461	0.484	0.360	0.550	0.548
2012	均值	43343.2	0.004	0.004	0.818	0.789	0.796	1.032	0.609	0.744
	中位数	36826.0	0.002	0.002	0.774	0.677	0.691	0.982	0.467	0.587
	方差	26617.4	0.004	0.006	0.308	0.454	0.492	0.371	0.545	0.566
全体	均值	25113.4	0.004	0.004	0.823	0.816	0.814	1.029	0.625	0.718
	中位数	18421.5	0.002	0.002	0.768	0.691	0.746	1.004	0.475	0.564
	方差	21301.2	0.004	0.005	0.297	0.458	0.444	0.344	0.566	0.550

由描述性统计结果可以看出：第一，281个城市的人均GDP的均值、中位数及方差水平在2003~2012年皆具有逐年递增的趋势，反映出样本城市在研究时间段内经济增长明显，但各城市间差异较大；第二，KI和LI的集中趋势指标数值较接近，且随时间推移变化很小，而多数年份LI的波动性比KI更大，说明各城市资本投入与劳动投入大体相当，且研究期间变化不明显，但劳动投入的城市间差异较大；第三，各年度SA变量均值水平都小于1且数值相差无几，方差水平相对其他变量较小，说明样本城市生产性服务业整体集聚平均水平偏低，在研究期间内无较大改善，但城市间差异较小；第四，对全体样本SA_1~SA_5的平均值

及中位数水平进行比较,SA_3最大且大于1,其余依次为SA_1、SA_2、SA_5、SA_4,说明样本城市各生产性服务行业中,金融行业集聚程度最高,其次为物流业、通信业、科技服务业,商务服务业集聚水平最低。

二、空间权重矩阵的构建

考虑到现实中城市经济增长的空间自相关性,本书拟采用空间计量分析方法进行实证分析。而进行空间计量分析前首先要衡量空间单元之间的空间相关程度,这需要借助空间权重矩阵进行测算。空间权重矩阵中的元素可以用于表征各空间单元之间的关联程度,选用合理的空间权重矩阵是空间计量分析的关键之一。实证分析中通常根据空间单元的地理特征和经济特征来构建空间权重矩阵。

1. 地理特征空间权重矩阵

根据地理特征判断准则的不同,又将地理特征空间权重矩阵分为空间邻接权重矩阵和空间地理距离权重矩阵。

(1) 空间邻接权重矩阵。Moran (1948) 采用 Rook 相邻规则构建空间邻接权重矩阵,即根据两个空间单元之间是否相邻判断空间单元之间是否具有空间相关关系。若两个空间单元相邻,则认为二者之间存在空间相关,空间权重矩阵元素赋值为1;反之,不相邻则不存在空间相关,空间权重矩阵元素赋值为0。故其表达式为:

$$w_{ij} = \begin{cases} 1 & \text{当区域} i \text{与区域} j \text{相邻} \\ 0 & \text{当区域} i \text{与区域} j \text{不相邻} \end{cases} \quad (i \neq j) \quad (4-13)$$

(2) 空间地理距离权重矩阵。空间地理距离权重矩阵中,各空间单元的相关程度则由两个空间单元之间的地理距离大小所决定。空间单元的空间相关程度与地理距离二者之间呈反比,即两个空间单元之间的距离越大,空间相关程度越低;反之,空间单元之间的距离越小,则空间相关程度越高。其具体表达形式为：

$$w_{ij} = \begin{cases} \dfrac{1}{d^2}, i \neq j \\ 0, i = j \end{cases} \quad (4-14)$$

其中，d 表示两个空间单元地理中心位置之间的距离。

从两种地理特征空间权重矩阵的定义可以看出，空间邻接权重矩阵仅仅从空间单元相邻与否来判断它们之间是否存在空间影响，且如果相邻则认为具有相同的影响程度，显然这是不符合客观经济现实的。例如，与上海相邻的省份有浙江和江苏两省，但上海与其他省区同样具有密切的经济联系，不能认为它们之间的城市经济增长就不具有相互影响，并且也不能简单地将距离上海地理区位较远的内蒙古和相对距离较近的福建、安徽等省份对上海的空间影响进行同等处理。地理学第一定律（Tobler W. R.，1970）指出，任何事物与周围事物之间总是存在某种联系，而距离较近的事物要比距离较远的事物联系更为密切。基于以上分析，本书认为，空间地理距离权重矩阵比空间邻接权重矩阵更为科学，因此，选用空间地理距离权重矩阵进行实证分析①。

2. 经济特征空间权重矩阵

地理特征空间权重矩阵仅能够表征由地理距离因素引起的城市经济增长的空间关联，但是城市经济增长作为一项复杂的经济活动，势必受到其他多种经济因素的综合影响，因此需要从经济角度构建空间权重矩阵，更全面地刻画城市经济增长的空间影响因素。

城市经济发展的强弱不同，其对周围地区产生的经济辐射和吸引力度也不同。一般而言，经济发达地区对周边落后地区的空间影响较大，而经济落后地区对发达地区的空间影响较小。因此，假设经济水平较高的地区对周围城市产生的空间影响较大，反之则较弱。借鉴王火根和沈

---

① 根据各地级市所在区位的经纬度测算两地区地理中心位置之间的距离。

利生（2007）的研究，本书以研究期间各地区人均 GDP 占所有地区人均 GDP 之和比重的均值代表各地区经济水平，可以设定经济空间权重矩阵（W）是地理空间权重矩阵（w）与各地区经济发展水平对角矩阵的乘积。具体表达形式为：

$$W = w * diag(\frac{\overline{y_1}}{\overline{y}}, \frac{\overline{y_2}}{\overline{y}}, \cdots, \frac{\overline{y_n}}{\overline{y}}) \qquad (4-15)$$

其中，$\overline{y_i} = \frac{1}{T}\sum_{t=1}^{T} y_{it}, (t = 1, 2, \cdots, T)$；$\overline{y} = \frac{1}{NT}\sum_{i=1}^{N}\sum_{t=1}^{T} y_{it}, (i = 1, 2, \cdots, N; t = 1, 2, \cdots, T)$。

三、经济增长空间自相关检验

使用空间计量模型的前提是经济现象具有空间自相关性。因此，首先采用 MoranI 指数对经济增长的空间自相关性进行检验。本书分别采用地理距离空间权重矩阵和经济距离空间权重矩阵测算 MoranI 指数，结果如表 4-3 所示，同时绘制出其时序变动（图 4-1）。

表 4-3 中数据显示，2003~2012 年的 10 年间，中国各地区城市经济增长均存在着显著的正向空间自相关性（系数均通过了 1% 水平下的显著性检验）。这表明 10 年间中国城市经济增长并不完全随机，而是受到其他城市经济增长的影响，具有较强的空间依赖性。忽略该空间自相关性将会引起实证分析结果的偏误，故需要引入空间计量模型进行分析。

表 4-3　中国 281 个地级以上城市经济增长水平的 MoranI 值

年　份		2003	2004	2005	2006	2007	2008	2009	2010	2011	2012
地理距离权重	MoranI	0.35	0.34	0.28	0.30	0.31	0.32	0.33	0.33	0.32	0.32
	P 值	0.00	0.00	0.00	0.00	0.00	0.00	0.00	0.00	0.00	0.00

续表

年份		2003	2004	2005	2006	2007	2008	2009	2010	2011	2012
经济距离权重	MoranI	0.40	0.39	0.30	0.32	0.32	0.32	0.33	0.30	0.28	0.27
	P值	0.00	0.00	0.00	0.00	0.00	0.00	0.00	0.00	0.00	0.00

图4-1直观反映出经济增长MoranI指数在2003~2012年随着时间的推移具有明显的波动特征（指数在0.27~0.40之间波动），并有经济距离表征空间自相关性波动且明显大于地理距离。因此，为了全面客观地对生产性服务业集聚的经济增长效应进行分析，本书采用两种权重矩阵，将时间因素纳入截面模型中建立空间自回归面板模型和空间误差面板模型，进行对比实证研究。

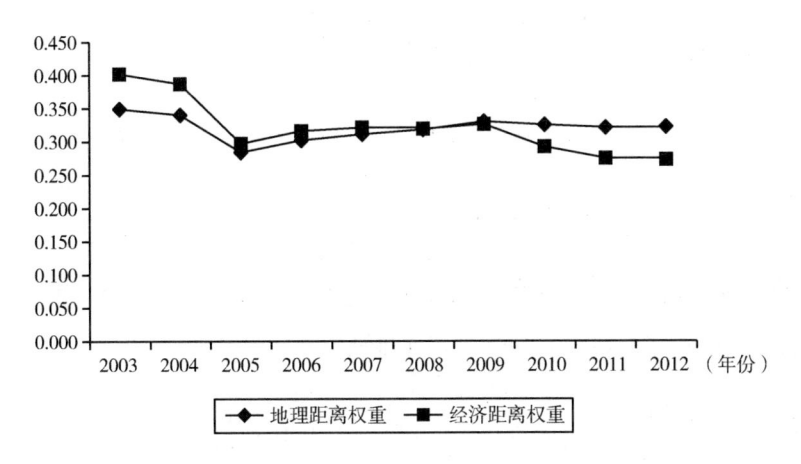

图4-1 2003~2012年两种权重下中国城市经济增长MoranI值变化

为了探索生产性服务业集聚对经济增长是否存在空间溢出，本书又将解释变量的空间滞后项纳入模型中，同时建立空间杜宾面板数据模型进行实证分析。并且，由于本章的实证分析样本局限于一些特定的个体（281个地级市），因而选用空间固定效应模型①。

---

① 当回归分析局限于一些特定个体时，应选择固定效应模型（Baltagi，2001）。

鉴于以上分析，在生产性服务业整体集聚对经济增长的影响效应分析中，分别建立以下空间面板自回归模型（SAR）、空间面板误差模型（SEM）、空间面板杜宾模型（SDM）进行稳健性对比实证研究。模型中具体变量和数据说明如表4-1所示。

$$\ln PCGDP_{it} = \mu_i + \beta_1 \ln KI_{it} + \beta_2 \ln LI_{it} + \beta_3 \ln SA_{it} +$$
$$\rho \sum_{j=1}^{N} W_{ij} \ln PCGDP_{jt} + \varepsilon_{it} \quad (4-16)$$

$$\ln PCGDP_{it} = \mu_i + \beta_1 \ln KI_{it} + \beta_2 \ln LI_{it} + \beta_3 \ln SA + u_{it}$$
$$u_{it} = \lambda \sum_{j=1}^{N} W_{ij} u_{jt} + \varepsilon_{it} \quad (4-17)$$

$$\ln PCGDP_{it} = \rho \sum_{j=1}^{N} W_{ij} \ln PCGDP_{jt} + \beta_1 \ln KI_{it} + \beta_2 \ln LI_{it} +$$
$$\beta_3 \ln SA_{it} + \beta_4 \sum_{j=1}^{N} W_{ij} \ln KI_{jt} + \beta_5 \sum_{j=1}^{N} W_{ij} \ln LI_{jt} +$$
$$\beta_6 \sum_{j=1}^{N} W_{ij} \ln SA_{jt} + \varepsilon_{it} \quad (4-18)$$

同理，分析生产性服务行业内部集聚对经济增长的影响效应时，建立如下两组空间面板数据模型进行实证研究：

$$\ln PCGDP_{it} = \mu_i + \beta_1 \ln KI_{it} + \beta_2 \ln LI_{it} + \beta_3 \ln SA_{kit} +$$
$$\rho \sum_{j=1}^{N} W_{ij} \ln PCGDP_{jt} + \varepsilon_{it} \quad (4-19)$$

$$\ln PCGDP_{it} = \rho \sum_{j=1}^{N} W_{ij} \ln PCGDP_{jt} + \beta_1 \ln KI_{it} + \beta_2 \ln LI_{it} +$$
$$\beta_3 \ln SA_{kit} + \beta_4 \sum_{j=1}^{N} W_{ij} \ln KI_{jt} + \beta_5 \sum_{j=1}^{N} W_{ij} \ln LI_{jt} +$$
$$\beta_6 \sum_{j=1}^{N} W_{ij} \ln SA_{kjt} + \varepsilon_{it} \quad (4-20)$$

其中，k为各生产性服务行业序号；$K=1, 2, \cdots, 5$。

第三节　生产性服务业整体集聚对经济增长的影响

首先对 281 个样本城市的生产性服务业整体区位熵指数进行测算（数据量过于庞大，故在书中省略），再依据模型式（4-16）、式（4-17）和式（4-18）选择变量分别构建三种空间面板数据模型，分析生产性服务业整体集聚对经济增长的影响。

一、空间相关性检验

在两种空间权重下对空间计量模型进行空间相关性检验，结果如表 4-4 所示。

表 4-4　　　　　　两种权重下的空间相关性检验

统计量	空间地理距离权重矩阵	空间经济距离权重矩阵
LM Lag	231.6549	316.6527
Prob.	0.0000	0.0000
LM Error	169.4589	237.3729
Prob.	0.0000	0.0000
R-LM Lag	84.5199	94.2394
Prob.	0.0000	0.0000
R-LM Error	22.3239	14.9595
Prob.	0.0000	0.0000

表 4-4 中结果显示，LMLAG、LMERR 和 R-LMLAG、R-LMERR 两组检验统计量皆通过统计显著性检验，说明空间自回归面板数据模型和空间误差面板数据模型均可用于本书的实证研究。但是从统计量数值大小上来看，LMLAG 和 R-LMLAG 的检验值分别大于 LMERR 和 R-LMERR

的检验值,因此,空间自回归面板数据模型相对空间误差面板数据模型而言更好。

二、模型估计结果分析

采用极大似然参数估计方法,利用 Matlab 统计软件得到两种空间权重矩阵下模型式(4-16)、式(4-17)和式(4-18)的参数估计结果,分别列示于表4-5和表4-6中。两表中三种空间面板数据模型估计结果均可分为无固定效应、空间固定时间不固定效应、时间固定空间不固定效应和时间空间均固定效应。

表4-5 经济距离权重矩阵下各空间面板数据模型参数估计结果

模型	解释变量	无固定效应	空间固定	时间固定	时空固定
空间自回归面板数据模型	Constant	3.6539 ***			
	lnSA	0.0089	0.0026 *	0.0154	0.0211 **
	lnKI	0.3327 ***	0.1492 ***	0.3537 ***	0.1699 ***
	lnLI	-0.0288	-0.0368 *	-0.0222	-0.0442 **
	W * dep. var	0.8140 ***	0.9610 ***	0.6060 ***	0.5476 ***
	R-squared	0.6612	0.9723	0.6627	0.9720
	sigma^2	0.2071	0.0188	0.2069	0.0191
	log-likelihood	-1891.7408	1537.6282	-1828.2937	1683.5149
空间误差面板数据模型	Constant	11.7846 ***			
	lnSA	-0.0383	-0.0153 *	-0.0380	0.0160
	lnKI	0.3748 ***	0.1386 ***	0.4078 ***	0.1716 ***
	lnLI	-0.0328	-0.0306 *	-0.0441 **	-0.0477 **
	spat. aut.	0.8530 ***	0.9760 ***	0.6250 ***	0.5323 ***
	R-squared	0.2511	0.6436	0.5783	0.9688
	sigma^2	0.2114	0.0190	0.2132	0.0194
	log-likelihood	-1936.8189	1507.0637	-1871.6426	1664.5595

续表

模型	解释变量	无固定效应	空间固定	时间固定	时空固定
空间杜宾面板模型	Constant	3.0768***			
	lnSA	-0.0093	0.0089*	0.0022	0.0208**
	lnKI	0.3296***	0.1381***	0.3476	0.1518***
	lnLI	-0.0046	-0.0283*	-0.0076	-0.0290*
	W*lnSA	-0.0092	-0.1628	0.1395**	0.0571**
	W*lnKI	0.0598	0.0523*	0.0275	0.1122**
	W*lnLI	-0.1870***	-0.0784*	-0.0740	-0.0700**
	W*dep.var	0.8080***	0.9430***	0.6079***	0.4727***
	R-squared	0.6633	0.9721	0.6635	0.9720
	sigma^2	0.2058	0.0189	0.2064	0.0191
	log-likelihood	-1880.7368	1544.7205	-1825.3342	1693.7225

注：*、**和***分别表示在10%、5%和1%的显著性水平下显著。

表4-6 地理距离权重矩阵下各空间面板数据模型参数估计结果

模型	解释变量	无固定效应	空间固定	时间固定	时空固定
空间自回归面板数据模型	Constant	3.8986***			
	lnSA	-0.0108	0.0104*	0.0040	0.0194**
	lnKI	0.3464***	0.1450***	0.3665***	0.1681***
	lnLI	-0.0265	-0.0371**	-0.0174	-0.0405**
	W*dep.var	0.7760***	0.9860***	0.5300***	0.5229***
	R-squared	0.6332	0.9718	0.6456	0.9724
	sigma^2	0.2242	0.0191	0.2174	0.0188
	log-likelihood	-1990.8547	1498.1037	-2067.0031	1694.8410
空间误差面板数据模型	Constant	11.0870***			
	lnSA	-0.0558**	0.0031*	-0.0419	0.0126
	lnKI	0.4011***	0.1585***	0.4557***	0.1711***
	lnLI	-0.0395**	-0.0565**	-0.0504**	-0.0494**

续表

模型	解释变量	无固定效应	空间固定	时间固定	时空固定
空间误差面板数据模型	spat. aut.	0.8160 ***	0.9810 ***	0.3800 ***	0.5161 ***
	R-squared	0.2301	0.6473	0.5829	0.9688
	sigma^2	0.2234	0.0194	0.2340	0.0192
	log-likelihood	-2000.9482	1469.4966	-1962.1800	1680.5463
空间杜宾面板模型	Constant	2.8572 ***			
	lnSA	-0.0365	0.0056 *	-0.0106	0.0166 **
	lnKI	0.3666 ***	0.1542 ***	0.3629 ***	0.1514 ***
	lnLI	-0.0168	-0.0495 **	-0.0013	-0.0347 **
	W * lnSA	-0.0542	-0.0567 *	0.0363	0.0927 **
	W * lnKI	-0.0480	-0.0368	0.0297	0.1139 ***
	W * lnLI	-0.1179 **	-0.0627 *	-0.1088 ***	-0.0319 **
	W * dep. var	0.8000 ***	0.9870 ***	0.5430 ***	0.4729 ***
	R-squared	0.6416	0.9719	0.6473	0.9724
	sigma^2	0.2191	0.0191	0.2164	0.0188
	log-likelihood	-1967.0629	1502.3576	-2072.7990	1705.2671

注：*、** 和 *** 分别表示在10%、5%和1%的显著性水平下显著。

从表4-5和表4-6中的结果可以发现：

第一，从三种空间面板数据模型的拟合优度（R^2）和解释变量的参数估计结果来看，不管是在地理距离权重矩阵还是在经济距离权重矩阵下，都能够得出模型在时空固定时的估计结果要明显优于其他三种类型固定效应的估计结果。具体来看，时空固定效应时三种空间面板数据模型的 R^2 值均在0.97左右，且 LogL 统计量数值较大，模型拟合效果较好；各项解释变量的影响系数基本通过10%水平下的显著性检验，自变量对因变量具有显著的解释力。无固定效应影响的估计中，假定在研究期间内城市间城市经济增长能力相同，忽略了城市经济发展能力在时序上和空间上的差异，势必引起结果出现偏误；时间固定效应影响的估计中，虽然考虑了时序上的影响，但同样忽略了城市间的差异，也造成了结果存在一定偏差；空间固定效应和时空固定效应影响估计都考虑了城市间经济发展的差异，但由于时空固定效应同时考虑了时序变化的影响，避免了由空间和时间上的差异引起的估计偏差，故其估计效果更好，更能够准确反映实际情况。因此，本书着重对时空固定效应估计结果进行讨论，且后续研究选择时空固定效应模型进行分析。

第二，对三种空间面板数据模型的估计结果进行比较发现，在两种空间权重矩阵下，虽然三种模型时空固定效应时的拟合程度都较好，但空间自回归面板模型（SAR）与空间杜宾面板模型（SDM）的拟合优度要高于空间误差面板模型（SEM），且前两个模型中解释变量系数的显著性较高。说明空间自回归模型的拟合效果相对空间误差面板而言较好，这与表4-4空间相关性检验中的LMLAG和R-LMLAG的检验值分别大于LMERR和R-LMERR的检验值的结论一致，并且在空间自回归模型中引入解释变量的空间滞后项建立空间杜宾面板模型是合理的。

第三，三种模型的四种效应估计结果中代表空间相关性的空间自回归系数和空间自相关系数，即 W * dep. var 和 spat. aut. 取值为正且都通过了在1%水平下的统计显著性检验。这说明中国各城市经济增长具有显著的正向空间相关效应，反映出某城市的经济增长在一定程度上依赖于与之具有相似空间特征的城市的经济增长。对两种权重模型下的空间相关系数进行比较发现，虽然两种权重下都具有显著的正向空间相关系数，但经济距离权重模型的空间相关系数要略高于地理距离权重模型。说明地理位置的接近和经济发展的相似都会对城市经济增长的空间相关性产生正向影响。一方面，地理距离的接近有利于城市间知识、资本的传播和流动，进而促进城市经济在一定空间内共同发展；另一方面，经济发展水平相似的城市间社会经济互动更为密切，特别是经济发展水平较高的城市，能够吸引大量资本和技术向该地区集中，从而形成更强的经济辐射能力，相对于地理距离因素，经济发展特征对经济增长的空间相关影响更大。

第四，空间面板自回归模型和空间面板杜宾模型中参数估计结果都显示，资本投入 lnKI 和生产性服务业集聚度 lnSA 对 lnPCGDP 存在显著的正向影响，从参数估计系数上看，资本投入对经济增长的影响程度稍大于生产性服务业集聚的影响。这说明，全社会固定资产投资的增加能够提升城市经济效益，有效推动城市经济增长；虽然中国生产性服务业整体集聚水平偏低，但是在现有的集聚水平下表现出的生产性服务业集聚效应在一定程度上促进了城市经济增长，反映出中国生产性服务业整体集聚的经济增长效应得到了有效发挥。

第五，空间面板杜宾模型中解释变量空间滞后项的参数估计结果显示，资本投入和生产性服务业集聚度的空间滞后项（W * lnKI 和 W * lnSA）对城市经济增长的影响系数显著为正，说明固定资产投资增加和生产性服务业集聚发展，不仅能够对本地经济增长产生促进作用，还对周边城市的经济增长存在正向溢出效应；从影响系数大小来看，固定资产投资的空间溢出作用要大于生产性服务业集聚对经济增长的空间溢出。

第六，空间面板自回归模型和空间面板杜宾模型中参数估计结果显示，劳动力投入 lnLI 及其空间滞后项 W * lnLI 对 lnPCGDP 却存在显著的反向抑制作用，说明劳动力投入增长不仅会抑制本地经济增长，还会对周边城市经济增长产生负的外部影响。这一结论与劳动力投入与经济增长的理论假设相反，该现象的产生可能是由目前中国劳动就业市场的结构性问题导致的。中国社科院人口与劳动经济研究所所长蔡昉（2014）指出，2004~2010 年是中国劳动力由过剩转向短缺的转折时期，即"刘易斯拐点"时期[①]。在这一特殊时期，劳动力供给出

---

① 蔡昉：《警惕招工难、就业难演变为人才短缺》，《中国经济周刊》2014 年第 17 期。

现结构性改变，一是劳动年龄人口呈现负增长；二是高校扩招后续效应不断显现，高校毕业生在新生劳动力中所占比重较大，并且不断扩张；三是在工业化过程中，农村剩余劳动力不断向非农产业转移，导致农村剩余劳动力不断减少。于是，劳动就业市场结构性矛盾出现，一方面低端劳动力短缺，出现民工荒现象；另一方面中国经济结构调整带来对中高级专业技术人员的用人需求增加。但由于中国职业教育发展不健全，导致大学毕业生无法与市场中需求相对接，出现大学生就业困难现象。而这种人力资源市场上的供求不匹配问题势必会导致劳动效率低下，从而对相关产业发展造成负面影响，进而对经济增长产生抑制作用。

第四节　生产性服务行业内集聚对经济增长的影响效应

上节实证分析显示，生产性服务业整体集聚具有显著的经济增长效应，然而，各生产性服务行业集聚特征各异，其对经济增长的影响必然存在一定差别。因此，为探明五大生产性服务行业内部集聚对经济增长的影响及其在作用方向和大小上的区别，本节进一步建立两组分行业空间面板数据模型式（4-19）和式（4-20）进行实证检验。变量说明如表4-1所示。

一、空间相关性检验

在两种空间权重下对空间计量模型进行空间相关性检验，以选择空间面板数据模型的类型，结果如表4-7所示。

表 4-7　　　　　　两种权重下分行业空间相关性检验

行业	统计量	空间地理距离权重矩阵	空间经济距离权重矩阵
物流业	LM Lag	230.1056	315.0794
	LM Error	168.5326	236.4886
	R-LM Lag	83.7157	93.0366
	R-LM Error	22.1427	14.4457
信息服务业	LM Lag	225.9021	308.6209
	LM Error	163.5032	228.3444
	R-LM Lag	85.8778	97.0583
	R-LM Error	23.479	16.7818
金融业	LM Lag	231.7222	316.3402
	LM Error	172.6379	241.0577
	R-LM Lag	78.0489	87.1043
	R-LM Error	18.9646	11.8219
商务服务业	LM Lag	230.5893	315.315
	LM Error	168.9082	236.681
	R-LM Lag	83.5841	93.0974
	R-LM Error	21.903	14.4634
科技服务业	LM Lag	230.9966	314.7803
	LM Error	169.538	236.5976
	R-LM Lag	82.9327	92.0062
	R-LM Error	21.474	13.8235

注：表中统计量值皆通过1%水平下的统计显著性检验。

由表4-7中两种权重下的空间相关性检验结果可以看出，对五大生产性服务行业都有LMLAG、LMERR和R-LMLAG、R-LMERR两组检验统计量皆通过统计显著性检验，但是从统计量数值大小上来看，LM-LAG和R-LMLAG的检验值分别大于LMERR和R-LMERR的检验值，同时根据上节实证结果，有空间自回归面板模型拟合程度较高，因此，本节选择空间自回归面板数据模型进行实证分析。与上节类似，为了检验各生产性服务行业集聚空间滞后项对经济增长的影响,同时建立分行业空间面板杜宾模型。

二、模型估计结果分析

同样利用 Matlab 统计软件得到两种空间权重矩阵下两种空间面板数据模型的参数估计结果,分别列示于表 4-8、表 4-9 和表 4-10 中。其中,模型 1、模型 2、模型 3、模型 4、模型 5 分别代表物流业集聚模型、信息服务业集聚模型、金融业集聚模型、商务服务业集聚模型,以及科技服务业集聚模型。需要说明的是,通过上文的实证检验发现时空固定效应的估计结果优于其他三种固定效应,于是表中仅列示时空固定效应的估计结果。

表 4-8　两种空间权重矩阵下分行业空间面板自回归模型估计结果

	解释变量	模型 1	模型 2	模型 3	模型 4	模型 5
经济距离权重	lnKI	0.1690***	0.1696***	0.1685***	0.1702***	0.1706***
	lnLI	-0.0533***	-0.0483**	-0.0748***	-0.0537***	-0.0567**
	lnSA1	-0.0063*	—	—	—	—
	lnSA2	—	0.0078*	—	—	—
	lnSA3	—	—	0.0274*	—	—
	lnSA4	—	—	—	0.0036*	—
	lnSA5	—	—	—	—	-0.0055*
	W*dep.var	0.5426***	0.5396***	0.5426***	0.5326***	0.5316***
	R-squared	0.9720	0.9720	0.9720	0.9720	0.9720
	sigma^2	0.0191	0.0191	0.0191	0.0191	0.0191
	log-likelihood	1683.2006	1683.4696	1684.0988	1683.3116	1683.2371

续表

	解释变量	模型1	模型2	模型3	模型4	模型5
地理距离权重	lnKI	0.1659***	0.1668***	0.1665***	0.1674***	0.1666***
	lnLI	-0.0483**	-0.0449**	-0.0698***	-0.0484**	-0.0476**
	lnSA1	-0.0076*	—	—	—	—
	lnSA2	—	0.0042*	—	—	—
	lnSA3	—	—	0.0270*	—	—
	lnSA4	—	—	—	0.0032*	—
	lnSA5	—	—	—	—	-0.0011*
	W*dep.var	0.5318***	0.5289***	0.5218***	0.5218***	0.5319***
	R-squared	0.9724	0.9724	0.9724	0.9724	0.9724
	sigma^2	0.0188	0.0188	0.0188	0.0188	0.0188
	log-likelihood	1694.1904	1694.2956	1695.4493	1694.6191	1694.0472

注：*、**和***分别表示在10%、5%和1%的显著性水平下显著。

各生产性服务行业空间面板自回归模型和空间面板杜宾模型的估计结果都显示，空间自回归系数（W*dep.var）取值为正且都通过了在1%水平下的统计显著性检验，同时，对两种权重模型下的空间相关系数进行比较也发现，经济距离权重模型的空间相关系数要略高于地理距离权重模型。因此，这一结果再次验证了中国各城市经济增长之间的显著正向空间相关效应，并且相对于地理距离因素，经济发展特征对经济增长的空间相关影响更大。

与生产性服务业整体集聚的空间面板模型分析结果一致，五个行业内集聚模型结果同样显示资本投入lnKI对因变量lnPCGDP具有显著的正向影响，而劳动力投入lnLI对lnPCGDP的影响则显著为负。再次证明了资本投入对城市经济增长的显著推动作用，以及劳动投入对城市经济增长存在的抑制性。劳动就业市场的结构性矛盾是导致劳动力投入抑制经济增长的可能原因（前文已经详细说明，不再赘述）。

表 4 – 9　　经济距离权重矩阵下分行业空间面板杜宾
模型参数估计结果

解释变量	模型 1	模型 2	模型 3	模型 4	模型 5
lnKI	0.1489***	0.1488***	0.1519***	0.1507***	0.1506***
lnLI	-0.0366*	-0.0314	-0.0587**	-0.0372*	-0.0364
W*lnKI	0.1001***	0.1036***	0.1093***	0.1069***	0.1042***
W*lnLI	-0.1141*	-0.0198	0.0040	-0.0955	-0.1044
lnSA1	-0.0011*	—	—	—	—
W*lnSA1	-0.0748*	—	—	—	—
lnSA2	—	0.0024*	—	—	—
W*lnSA2	—	0.1059***	—	—	—
lnSA3	—	—	0.0248*	—	—
W*lnSA3	—	—	0.1344**	—	—
lnSA4	—	—	—	0.0027*	—
W*lnSA4	—	—	—	0.0160*	—
lnSA5	—	—	—	—	-0.0009*
W*lnSA5	—	—	—	—	-0.0309*
W*dep.var	0.4726***	0.4685***	0.4746***	0.4737***	0.4907***
R-squared	0.9720	0.9721	0.9720	0.9720	0.9720
sigma^2	0.0191	0.0190	0.0191	0.0191	0.0191
log-likelihood	1694.6198	1698.6331	1695.6538	1693.1872	1693.0170

表 4 – 10　　地理距离权重矩阵下分行业空间面板杜宾
模型参数估计结果

解释变量	模型 1	模型 2	模型 3	模型 4	模型 5
lnKI	0.1485***	0.1479***	0.1506***	0.1498***	0.1499***
lnLI	-0.0424**	-0.0374*	-0.0669**	-0.0415**	-0.0417*
W*lnKI	0.1028***	0.1028***	0.1093***	0.1071***	0.1087***
W*lnLI	-0.0199	0.0788	0.1120	-0.0123	-0.0053
lnSA1	-0.0032*	—	—	—	—

续表

解释变量	模型1	模型2	模型3	模型4	模型5
W * lnSA1	-0.0448 *	—	—	—	—
lnSA2	—	0.0032 *	—	—	—
W * lnSA2	—	0.1280 ***	—	—	—
lnSA3	—	—	0.0277 *	—	—
W * lnSA3	—	—	0.1460 **	—	—
lnSA4	—	—	—	0.0024 *	—
W * lnSA4	—	—	—	0.0228 *	—
lnSA5	—	—	—	—	-0.0002 *
W * lnSA5	—	—	—	—	-0.0016 *
W * dep. var	0.4680 ***	0.4718 ***	0.4848 ***	0.4699 ***	0.4709 ***
R-squared	0.9723	0.9725	0.9724	0.9723	0.9723
sigma^2	0.0189	0.0187	0.0188	0.0189	0.0189
log-likelihood	1704.5299	1712.7707	1706.8028	1704.3951	1703.5964

注：*、**和***分别表示在10%、5%和1%的显著性水平下显著。

对五大生产性服务行业集聚模型参数估计结果进行比较发现，不同生产性服务行业集聚对经济增长的影响作用并不统一，其中有三大行业的集聚发展对经济增长表现出促进作用，而剩余两大行业的集聚发展则对经济增长的具有一定的反向作用力。具体来看：

第一，信息服务业、金融业和商务服务业的行业内集聚能够促进城市经济增长，并且对周边城市经济增长具有正向溢出作用。参数估计结果显示，lnSA2、lnSA3、lnSA4 及 W * lnSA2、W * lnSA3、W * lnSA4 均对 lnPCGDP 具有显著的正向影响。从影响系数大小来看，金融业集聚对本地区经济增长及周边城市经济增长的促进作用最大，其次为信息服务业，商务服务业促进作用最弱。

金融业是生产性服务业的重要组成部分，它通过对货币资金进行资源配置，发挥出桥梁纽带作用，将经济社会的各方面相互联结。集聚是金融业发展到一定阶段的自然选择，大量金融机构的空间集聚能够促进各类金融企业间的相互合作,并通过地理集中降低企业经营成本,从而产生规模经济效益,在促进自身产业发展的同时推动为金融机构服务的其他产业,以及资金链上下游的关联企业的发展。同时,某城市金融产业发展到一定程度时,金融资源会不断向周边地区溢出以满足周边城市经济发展需要,这促使金融集聚区范围不断扩散,金融机构数量持续增加,于是,金融业集聚不仅对当地经济增长而且对周边城市经济增长也会产生正向的辐射效应。另外,金融业属于知识密集型服务业,集聚环境有利于知识的传播和扩散,使得集聚区内更加容易实现技术创新,进而增强城市创新能力,而金融集聚区内创新能力的增强又能够发挥出对城市经济增长的促进作用,并且通过知识的跨区域外溢推动周边地区的经济增长。从前文对281个样本城市的描述性分析可知,中国金融业集聚程度相对其他生产性服务业而言偏高,金融集聚发展较好,故金融业集聚对城市经济增长的促进作用较强。

信息服务业主要包含三类服务业务,第一类为信息传输服务;第二类为信息技术服务,如系统集成、软件开发等;第三类为信息内容服务,如数字内容服务。一方面,信息服务业属于技术密集型服务业,专业化程度较高,对知识技术具有较高的要求。而信息服务行业在一定地理范围内形成集聚,有利于同类企业进行学习交流,能够促进区域技术创新。因此,在集聚区内,信息服务企业相互合作产生技术创新,并通过知识溢出途径推动信息服务行业的发展,提升产业集聚竞争力,而集聚竞争力的增强又会吸引集聚区外部企业进入,引起集聚区的进一步扩张,形成良性循环过程。这种良性循环通过不断推动信息产业的发展,对本地及周边地区经济增长产生促进作用。另一方面,随着社会发展进入后工业化时代,信息社会已然到来,信息服务行业作为重要的中间投入服务行业之一,在经济发展中发挥着重要的作用。信息服务行业不仅对其上游行业(如计算机及辅助产品制造业)和下游行业(如电子政务、人口计生信息化等)的发展至关重要,而且信息传输作为基础设施的一部分，它能够影响经济社会生活的许多方面，因此，信息服务业集聚又能够通过影响相关联产业，以及为经济增长提供信息支撑来推动城市经济增长。中国近年来信息服务行业集聚发展良好，多个城市相继设立信息服务产业集聚区，如上海浦东新区张江信息服务业集聚区、杭州国家软件产业基地等。

商务服务业的业务范畴包括企业管理服务、法律和知识产权服务、咨询和调查服务、广告业、旅行服务、职业中介服务，等等。由于商务服务业的人力资本密集特性，大城市作为经济、文化、教育的中心，商务服务业多呈现出向大城市集聚的特点。商务服务业集聚区又名中央商务区（CBD），指的是国家或城市中主要商务活动进行的区域。综合性中央商务区多数依靠市场力量自发引导形成，基于行业间的关联逐步形成集会计、法律、咨询、培训、知识产权等行业于一体的商务服务网络体系。中央商务区内高端要素集聚度较高，同行业间的知识溢出效应和产业链上的互补效应能够得到充分发挥，从而促使商务服务业本身竞争力得到提升，同时也不断增强 CBD 对城市经济的辐射作用。中国商务服务业集聚的发展以北京、上海、深圳等发达城市最为突出。截至 2013 年 6 月，北京共设立商务中心区 CBD、东二环高端服务业发展带、中关村玉渊潭科技商务区、北京奥林匹克公园、银河综合商务区和北京市大兴区国基创新园等 8 个各具特色的商务服务集聚区[1]；上海是中国商务服务最发达的城市，在"十二五"期间推进建设的 25 个现代服务业集聚区内共包括浦东新区世博园区会展商务集聚区、长宁区虹桥涉外商务区、苏州河商业商务服务集聚区等 15 个商务服务集聚区[2]。同时，深圳、江苏、浙江等地区的商务服务集聚区也发展迅速。这些商务服务集聚区的蓬勃发展能够对城市经济增长产生一定的

---

[1] http：//www.bjmbc.gov.cn/nsjg/zbjjfzch/zwxx/201306/t20130609_60533.html
[2] http：//www.scofcom.gov.cn/jjqfpjs/227803.htm

拉动作用。

第二，物流业和科技服务业的行业内集聚对经济增长表现出一定的抑制作用。参数估计结果显示，lnSA1、lnSA5 和 W * lnSA1、W * lnSA5 均对 lnPCGDP 具有显著的负向影响。且从弹性系数大小来看，物流业对本地区经济增长和周边城市经济增长的抑制作用要大于科技服务业。

随着经济一体化进程的加快，资源的跨区域流动越来越频繁，现代物流服务业的发展受到广泛关注。现代物流是指运输、仓储、库存、装卸、配送、信息物流活动综合而成集成式管理方式。中国物流产业的发展逐渐表现出一种集聚态势，各大城市纷纷规划建立物流园区，为物流业集聚发展提供帮助。理论上物流产业集聚不仅能够促进自身产业发展，而且能够带动相关联产业及城市经济发展。但是从中国实际情况来看，由于物流集聚园区内存在集约化程度较低、集聚整合模式创新不足、集聚结构不协调等多方面的问题，导致物流产业集聚效益并不明显，其发展落后于城市经济增长，于是对城市经济增长产生抑制作用。

科技服务业指运用现代科学技术和研究方法向社会提供智力服务的产业。科技服务业同时具有知识密集和人力资本密集型特点，产业附加值较高。科技服务业集聚有利于增强区域内创新能力，对相关联产业的知识溢出效应较强，有利于城市经济增长。然而动态面板分析显示，中国科技服务业集聚对城市经济增长具有一定的抑制作用，一方面由于中国科技服务业集聚程度较低；另一方面中国科技服务业集聚区内专业性人才相对匮乏，科技创新能力不强，加之科技服务集聚正在起步阶段，集聚园区内总体规划并不完善，核心竞争力不强，导致科技服务业集聚发展的步伐赶不上经济增长步伐，中国科技服务业集聚对经济增长具有反作用力。

本章小结

本章以 2003~2012 年全国 281 个地级以上城市为样本，建立空间计量模型，对中国生产性服务业集聚对经济增长的影响效应进行实证检验。先介绍空间统计分析的基本原理，然后进行实证检验。由于第二章集聚测度结果显示，生产性服务业整体集聚和分行业集聚状况存在一定差异，将实证检验分整体和局部两个不同层面进行：一方面揭示生产性服务业整体集聚对经济增长的影响；另一方面衡量各生产性服务行业内部集聚对经济增长影响效应的差别。

第一，生产性服务业整体集聚对经济增长的影响。采用地理距离和经济距离空间权重矩阵分别建立空间自回归面板模型、空间误差面板模型和空间杜宾面板模型的四种固定效应模型进行比较研究。得到如下主要结论：

一是对三种空间面板数据模型都有时空均固定时的估计结果，要明显优于其他三种类型固定效应的估计结果。说明时空固定效应模型同时避免了由空间和时间上的差异引起的估计偏差，使得估计效果更能够准确反映城市经济增长的实际情况。另外，根据两个拉格朗日乘数及其稳健形式检验结果，在两种空间权重矩阵下，都有空间自回归面板模型（SAR）与空间杜宾面板模型（SDM）拟合效果更优。

二是两种空间权重矩阵下，中国各城市经济增长均具有显著的正向空间相关效应，反映出城市经济增长在一定程度上依赖于与之具有相似空间特征的邻近城市的经济增长。但经济距离权重模型的空间相关系数要略高于地理距离权重模型，相对于地理距离因素，经济发展特征对经济增长的空间相关性影响更大。

三是固定资产投资增加和生产性服务业集聚发展，不仅能够对本地经济增长产生促进作用，还对周边城市经济增长存在正向溢出效应，从影响系数大小来看，固定资产投资的空间溢出作用要大于生产性服务业集聚对城市经济增长的空间溢出。虽然目前中国生产性服务业整体集聚水平偏低，但其集聚的城市经济增长效应得到了有效发挥，能够一定程度上促进本地及周边城市的经济增长，而促进作用有待加强。

四是劳动力投入增长不仅会抑制本地经济增长，还会对周边城市经济增长产生负外部性。造成该现象的可能原因是目前中国劳动就业市场的结构性问题，2004~2010年是中国处于"刘易斯拐点"时期，劳动力供给出现结构性改变，劳动就业市场结构性矛盾出现，人力资源市场上的供求不匹配问题势必会导致劳动效率低下，从而对相关产业发展造成负面影响，进而对经济增长产生抑制作用。

第二，生产性服务行业内部集聚对经济增长的影响。同样采用地理距离和经济距离空间权重矩阵，分别建立各行业的空间自回归面板模型、空间误差面板模型和空间杜宾面板模型的时空固定效应模型，进行比较研究。得到如下主要结论：

一是根据两个拉格朗日乘数及其稳健形式检验结果，在两种空间权重矩阵下，各生产性服务行业都有空间自回归面板模型与空间杜宾面板模型拟合效果更优。另外，实证结果再次验证了中国各城市经济增长之间的显著正向空间相关效应，并且相对于地理距离因素，经济发展特征对区域经济增长的空间相关影响更大。

二是与生产性服务业整体集聚的空间面板模型分析结果一致，五个行业内集聚模型结果再次证明了资本投入对经济增长的显著推动作用，以及劳动投入对经济增长的抑制性。

三是不同生产性服务行业集聚对经济增长的影响作用并不统一。一方面，信息服务业、金融业和商务服务业的行业内集聚发展能够促进本地经济增长，并对周边城市经济增长具有正向溢出作用。其中，金融业促进作用最大，其次为信息服务业，商务服务业促进作用最弱。另一方面，物流业和科技服务业的行业内集聚对本地及周边城市经济增长具有反向作用力，且物流业的抑制作用要大于科技服务业。

第五章　中国生产性服务业集聚对产业结构升级的影响

生产性服务业集聚对产业结构升级的作用机理分析揭示，生产性服务业集聚发展，能够通过创新机制、效率机制和传导机制对产业结构升级产生重大影响。因此，基于该理论基础，为了具体说明中国生产性服务业集聚对产业结构升级的影响力方向和大小，本章将以全国239[①]个城市为样本，就中国生产性服务业集聚对产业结构升级的影响效应进行实证检验。本章实证分析同样分为整体和局部两个层面。

与区域经济增长类似，产业结构升级在现实中也具有一定的空间相关性，因此，仅仅关注生产性服务业集聚对区域内部产业结构升级的影响，而忽略区域间的产业结构升级的相互联系，以及生产性服务业集聚对周边区域产业结构升级的空间溢出，容易导致分析结果有偏。故本书尝试运用空间统计分析方法，就生产性服务业集聚对产业结构升级的影响进行研究。

---

① 本章样本城市在第四章实证分析281个地级以上样本城市的基础上删除指标数据不全的城市得来。

第一节 空间计量模型的建立

一、变量选择和数据来源

产业结构升级是产业经济学中的基本概念，是指产业结构逐步由低附加值的劳动密集型结构向高附加值的资本和技术密集型结构演变的过程。目前对产业结构升级水平进行量化测度的方法主要分为三类：第一类，根据第三产业或第二产业结构变化反映产业结构升级；第二类，构建综合评价指标体系对产业结构升级进行定量评价；第三类，构建产业结构升级测度指标进行衡量。

本书依据配第—克拉克的产业结构演变规律认为，在三大产业中第一产业比重降低、第三产业比重升高是产业结构升级的主要特征。因此，选择徐德云（2008）[1]提出的产业结构升级测度指标对样本城市的产业结构升级水平进行衡量，该指标具体计算公式为：

$$IND = \sum_{i=1}^{3} i \cdot y_i = y_1 \times 1 + y_2 \times 2 + y_3 \times 3 \quad (5-1)$$

其中，IND 代表产业结构升级系数；y_1、y_2、y_3 分别代表第一产业产值、第二产业产值、第三产业产值占 GDP 的比重。因此，产业结构升级系数取值范围为 [1, 3]，若其数值等于或越接近 1，则说明经济中第一产业所占比重越大，经济社会属于以农业为主的农耕文化社会、产业结构层次就越低；若其数值等于或越接近 3，则说明经济中第三产业所占比重越大，

---

[1] 徐德云：《产业结构升级形态决定、测度的一个理论解释与验证》，《财政研究》2008年第1期。

经济社会呈现出一种后工业化特征,产业结构层次越高;若其数值等于或接近于2,则说明经济中第三产业所占比重越大,经济社会正处于工业化发展进程中,其产业结构层次与第一种情况相比较高,但要低于第二种情形。

根据第三章中的理论研究可知,生产性服务业集聚发展会对产业结构升级产生重要影响。因此,本章将建立计量回归模型对该影响作用的方向和大小进行实证检验。另外,对已有研究成果进行梳理可以发现,外商直接投资(FDI)、政府控制(GOV)、人力资本存量(HR)等因素对产业结构升级也具有较大影响,于是将这四个影响因素作为控制变量纳入计量模型中。故本书可建立如下计量回归模型:

$$IND = f(SA,控制变量) = f(SA,FDI,GOV,HR) \quad (5-2)$$

其中,核心解释变量 SA 为生产性服务业集聚水平,用生产性服务业集聚的区位熵指数加以衡量;FDI 为外商直接投资,用城市实际使用外资额占当年 GDP 的比重进行衡量,考虑到实际使用外资额与 GDP 的计价单位不同,本书依据历年美元兑换人民币的年平均汇率,将以美元为单位的实际使用外资额换算成以人民币为单位的实际使用外资额;GOV 代表政府控制,用城市一般预算内财政支出占 GDP 的比重进行衡量;HR 代表人力资本存量,用城市中普通高等学校在校学生数进行衡量。具体变量说明如表 5-1 所示。

表 5-1　　　　　　　　　　变量说明

变量	变量名称	变量说明
IND	产业结构升级系数	各城市产业结构升级系数,计算公式见式(5-1)
FDI	外商直接投资	各城市实际利用外资金额占 GDP 的比重
GOV	政府控制	各城市地方一般预算内财政支出占 GDP 的比重
HR	人力资本存量	各城市普通高等学校在校学生人数(人)
SA	生产性服务业集聚度	各城市生产性服务业区位熵指数
SA_1	物流业集聚度	各城市交通运输业和邮政业区位熵指数

续表

变量	变量名称	变量说明
SA$_2$	信息服务业集聚度	各城市信息传输计算机服务和软件业区位熵指数
SA$_3$	金融业集聚度	各城市金融业区位熵指数
SA$_4$	商务服务业集聚度	各城市租赁和商务服务业区位熵指数
SA$_5$	科技服务业集聚度	各城市科学研究技术服务和地质勘探业区位熵指数

根据指标数据的可得性，本章选取中国239个地级以上城市2003~2012年的面板数据进行实证检验。

表5-2为样本数据的描述性统计，分别报告了分年度各指标的均值、中位数和标准差，用以反映各变量集中趋势和离散趋势水平及其时序变化情况。

表5-2 描述性统计

年份	指标	IND	FDI	GOV	HR	SA	SA$_1$	SA$_2$	SA$_3$	SA$_4$	SA$_5$
2003	均值	2.19	0.03	0.10	46172	0.89	0.88	0.92	1.07	0.74	0.73
	中位数	2.18	0.02	0.09	17215	0.83	0.77	0.83	1.03	0.60	0.56
	标准差	0.13	0.04	0.04	82523	0.28	0.41	0.42	0.32	0.57	0.54
2004	均值	2.18	0.03	0.10	55082	0.86	0.86	0.79	1.07	0.66	0.73
	中位数	2.17	0.02	0.09	20208	0.80	0.74	0.73	1.04	0.54	0.58
	标准差	0.13	0.03	0.04	99045	0.28	0.42	0.37	0.32	0.54	0.54
2005	均值	2.20	0.03	0.11	65184	0.85	0.85	0.84	1.08	0.61	0.77
	中位数	2.18	0.01	0.10	23239	0.80	0.72	0.80	1.06	0.48	0.63
	标准差	0.14	0.03	0.12	116190	0.29	0.44	0.38	0.33	0.53	0.55
2006	均值	2.21	0.02	0.11	71138	0.85	0.85	0.85	1.03	0.68	0.74
	中位数	2.20	0.01	0.10	25786	0.79	0.72	0.80	1.02	0.51	0.59
	标准差	0.13	0.02	0.04	125300	0.31	0.47	0.41	0.33	0.63	0.55
2007	均值	2.21	0.02	0.12	77029	0.84	0.85	0.83	1.03	0.67	0.74
	中位数	2.20	0.02	0.11	30173	0.79	0.70	0.77	1.01	0.51	0.58
	标准差	0.13	0.02	0.04	133791	0.31	0.47	0.44	0.34	0.62	0.56

续表

年份	指标	IND	FDI	GOV	HR	SA	SA$_1$	SA$_2$	SA$_3$	SA$_4$	SA$_5$
2008	均值	2.21	0.02	0.13	81565	0.83	0.83	0.80	1.03	0.67	0.72
	中位数	2.20	0.02	0.12	30700	0.78	0.70	0.77	0.98	0.48	0.56
	标准差	0.13	0.02	0.05	140357	0.31	0.47	0.44	0.35	0.63	0.56
2009	均值	2.24	0.02	0.15	87919	0.83	0.82	0.79	1.03	0.66	0.74
	中位数	2.22	0.01	0.14	34598	0.78	0.69	0.72	1.01	0.49	0.55
	标准差	0.13	0.02	0.06	147648	0.32	0.47	0.44	0.35	0.59	0.64
2010	均值	2.23	0.02	0.16	91859	0.81	0.81	0.75	1.02	0.63	0.71
	中位数	2.21	0.01	0.14	37218	0.76	0.67	0.70	0.99	0.47	0.54
	标准差	0.13	0.02	0.10	154272	0.31	0.48	0.42	0.36	0.57	0.55
2011	均值	2.23	0.02	0.15	95183	0.83	0.81	0.77	1.02	0.66	0.74
	中位数	2.21	0.02	0.14	39303	0.79	0.67	0.72	0.97	0.50	0.59
	标准差	0.14	0.02	0.06	158430	0.31	0.46	0.43	0.37	0.55	0.56
2012	均值	2.23	0.02	0.16	97944	0.83	0.81	0.80	1.04	0.64	0.76
	中位数	2.22	0.02	0.15	40644	0.78	0.69	0.68	0.98	0.49	0.60
	标准差	0.15	0.02	0.06	162173	0.32	0.46	0.50	0.37	0.56	0.58
全体	均值	2.21	0.02	0.13	76908	0.84	0.84	0.82	1.04	0.66	0.74
	中位数	2.20	0.02	0.12	29225	0.79	0.71	0.75	1.02	0.51	0.58
	标准差	0.14	0.03	0.07	135277	0.30	0.45	0.43	0.35	0.58	0.56

由表5-2结果可知：第一，2003~2012年，产业结构升级系数（IND）的年度均值皆接近于2，方差水平较小，且在时序上存在小幅上涨趋势，反映出样本城市在研究期间内产业结构升级处于中等水平，中国经济社会发展仍然处于工业化进程当中，并且随着时间的推移，产业结构升级正在不断推进；第二，样本城市外商直接投资（FDI）在2003~2012年具有一定的波动下降趋势，且城市间差异不大；第三，在研究期间样本城市的政府控制（GOV）力度和人力资本存量（HR）水平处于不断增强和上升的发展中，且城市间人力资本存量差异较大；第四，2003~2012年样本城市生产性服务业整体集聚平均水平偏低，在研究期

间内无较大改善，但区域间差异较小，且分行业来看，金融行业集聚程度最高，其次为物流业、通信业、科技服务业，商务服务业集聚水平最低。

二、产业结构升级空间自相关性检验

随着区域经济一体化进程的不断推进，城市间产业经济发展上的联系越来越密切，服务经济发展较好的城市能够通过知识溢出、企业间合作等方式向邻近区域产生一定经济辐射力，带动周边城市服务业的发展，从而推动周边城市的产业结构升级，于是，区域间产业结构升级会呈现出一定的空间自相关性。因此，有必要对样本城市的产业结构升级进行空间自相关性检验。

在进行空间相关性检验前，先根据式（4-14）和式（4-15）分别建立样本空间单元的地理距离和经济距离空间权重矩阵，然后分别采用两种不同的空间权重矩阵，计算出 2003～2012 年中国 239 个地级以上城市产业结构升级水平的 MoranI 值，结果如表 5-3 所示。

表 5-3　中国 239 个地级市产业结构升级水平的 **MoranI** 指数

年　　份		2003	2004	2005	2006	2007	2008	2009	2010	2011	2012
地理距离权重	MoranI	0.06	0.08	0.08	0.08	0.09	0.10	0.11	0.11	0.12	0.10
	P 值	0.01	0.00	0.00	0.00	0.00	0.00	0.00	0.00	0.00	0.00
经济距离权重	MoranI	0.07	0.11	0.10	0.11	0.12	0.14	0.15	0.15	0.17	0.15
	P 值	0.01	0.00	0.00	0.00	0.00	0.00	0.00	0.00	0.00	0.00

表 5-3 结果显示，与区域经济增长一致，2003～2012 年中国各城市产业结构升级也存在着显著的正向空间自相关性（系数均通过了 1% 水平下的显著性检验）。反映出 10 年间中国产业结构升级水平的变化具有一定空间依赖性，即某城市产业结构升级的变化会受到其他城市产业

结构调整的影响。因此,忽略该空间自相关性将会引起实证分析结果的偏误,故选择空间计量模型进行本章的实证分析。

图 5-1 中 MoranI 值变动趋势显示,2003~2012 年中国产业结构升级水平的空间自相关性皆存在明显的发展趋势,且由经济距离表征的空间自相关性上升幅度要大于地理距离。因此,为了对产业结构升级水平进行全面客观的分析,本书采用两种权重矩阵建立空间面板计量模型进行分析。

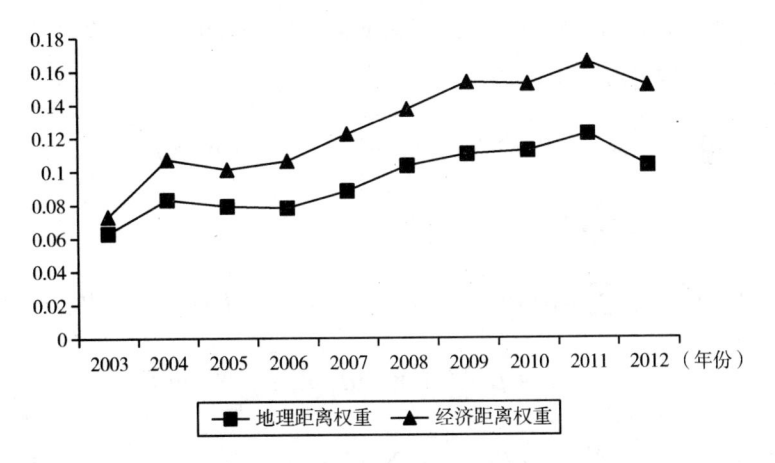

图 5-1 2003~2012 年两种权重下产业结构升级水平的 MoranI 值变化

本章的实证分析样本也局限于特定的个体（239 个地级市）,因此在分析中同样选用空间固定效应模型。与第四章类似,为了检验生产性服务业集聚对产业结构升级的空间溢出效应,本章在建立空间自回归面板模型和空间误差面板模型的基础上,同时建立空间杜宾面板模型进行实证检验。具体模型为:

$$\ln IND_{it} = \mu_i + \beta_1 \ln FDI_{it} + \beta_2 \ln GOV_{it} + \beta_3 \ln HR_{it} + \beta_4 \ln SA_{it} + \rho \sum_{j=1}^{N} W_{ij} \ln IND_{jt} + \varepsilon_{it} \quad (5-3)$$

$$\ln IND_{it} = \mu_i + \beta_1 \ln FDI_{it} + \beta_2 \ln GOV_{it} + \beta_3 \ln HR + \beta_4 \ln SA + u_{it}$$

$$u_{it} = \lambda \sum_{j=1}^{N} W_{ij} u_{jt} + \varepsilon_{it} \qquad (5-4)$$

$$\ln IND_{it} = \rho \sum_{j=1}^{N} W_{ij} \ln IND_{jt} + \beta_1 \ln FDI_{it} + \beta_2 \ln GOV_{it} + \beta_3 \ln HR_{it} +$$
$$\beta_4 \ln SA_{it} + \beta_5 \sum_{j=1}^{N} W_{ij} \ln FDI_{jt} + \beta_6 \sum_{j=1}^{N} W_{ij} \ln GOV_{jt} +$$
$$\beta_7 \sum_{j=1}^{N} W_{ij} \ln HR_{jt} + \beta_8 \sum_{j=1}^{N} W_{ij} \ln SA_{jt} + \varepsilon_{it} \qquad (5-5)$$

同理,建立如下两组空间面板数据模型,分析生产性服务业内部集聚对产业结构升级的影响效应:

$$\ln IND_{it} = \mu_i + \beta_1 \ln FDI_{it} + \beta_2 \ln GOV_{it} + \beta_3 \ln HR_{it} + \beta_4 \ln SA_{kit} +$$
$$\rho \sum_{j=1}^{N} W_{ij} \ln IND_{jt} + \varepsilon_{it} \qquad (5-6)$$

$$\ln IND_{it} = \rho \sum_{j=1}^{N} W_{ij} \ln IND_{jt} + \beta_1 \ln FDI_{it} + \beta_2 \ln GOV_{it} + \beta_3 \ln HR_{it} +$$
$$\beta_4 \ln SA_{kit} + \beta_5 \sum_{j=1}^{N} W_{ij} \ln FDI_{jt} + \beta_6 \sum_{j=1}^{N} W_{ij} \ln GOV_{jt} +$$
$$\beta_7 \sum_{j=1}^{N} W_{ij} \ln HR_{jt} + \beta_8 \sum_{j=1}^{N} W_{ij} \ln SA_{kjt} + \varepsilon_{it} \qquad (5-7)$$

第二节 生产性服务业整体集聚对产业结构升级的影响效应

一、空间相关性检验

在两种空间权重下对空间计量模型进行空间相关性检验,结果如表5-4所示。

表 5-4　　　　　　　两种权重下的空间相关性检验

统计量	空间地理距离权重矩阵	空间经济距离权重矩阵
LM Lag	54.6028	69.3894
Prob.	0.0000	0.0000
LM Error	48.0337	63.3995
Prob.	0.0000	0.0000
R-LM Lag	17.4318	12.5675
Prob.	0.0000	0.0000
R-LM Error	10.8627	6.5775
Prob.	0.0000	0.0000

表 5-4 结果显示，LMLAG、LMERR 和 R-LMLAG、R-LMERR 两组检验统计量皆通过统计显著性检验，但是从统计量数值大小来看，LM-LAG 和 R-LMLAG 的检验值分别大于 LMERR 和 R-LMERR 的检验值。说明空间自回归面板数据模型和空间误差面板数据模型均可用于本节的实证研究，但空间自回归面板数据模型相对空间误差面板数据模型效果更好。

二、模型估计结果分析

采用极大似然参数估计方法，利用 Matlab 统计软件，得到两种空间权重矩阵下模型式（5-3）、式（5-4）和式（5-5）的参数估计结果，分别列示于表 5-5 和表 5-6 中。两表中三种空间面板数据模型估计结果均可分为无固定效应、空间固定时间不固定效应、时间固定空间不固定效应和时间空间均固定效应。

表 5-5　经济距离权重矩阵下各空间面板数据模型参数估计结果

模型	解释变量	无固定效应	空间固定	时间固定	时空固定
空间自回归面板数据模型	Constant	0.3255 ***			
	lnSA	0.0453 ***	0.0033 ***	0.0486 ***	0.0033 ***
	lnFDI	0.0090 ***	0.0012 *	0.0090 ***	0.0012 *
	lnGOV	-0.0082 ***	0.0011	-0.0145 ***	-0.0048 *
	lnHR	0.0178 ***	0.0125 ***	0.0165 ***	0.0104 ***
	W*dep.var	0.3950 ***	0.4910 ***	0.3490 ***	0.4090 ***
	R-squared	0.4606	0.9122	0.4629	0.9126
	sigma^2	0.0020	0.0004	0.0020	0.0004
	log-likelihood	4010.0564	6161.0998	4019.5054	6183.8846
空间误差面板数据模型	Constant	0.6542 ***			
	lnSA	0.0478 ***	0.0032 ***	0.0499 ***	0.0035 ***
	lnFDI	0.0109 ***	0.0011	0.0108 ***	0.0009
	lnGOV	-0.0122 ***	0.0053 **	-0.0164 ***	-0.0050
	lnHR	0.0165 ***	0.0141 ***	0.0157 ***	0.0101 ***
	spat.aut.	0.5060 ***	0.4970 ***	0.4500 ***	0.3912 ***
	R-squared	0.4132	0.9025	0.4303	0.9083
	sigma^2	0.0020	0.0004	0.0020	0.0004
	log-likelihood	4016.6565	6141.7514	4026.9508	6181.0929
空间杜宾面板模型	Constant	0.1825 ***			
	lnSA	0.0499 ***	0.0041 ***	0.0498 ***	0.0038 ***
	lnFDI	0.0121 ***	0.0005 *	0.0121 ***	0.0005 **
	lnGOV	-0.0134 ***	-0.0046 *	-0.0135 ***	-0.0045 **
	lnHR	0.0156 ***	0.0100 ***	0.0153 ***	0.0101 ***
	W*lnSA	-0.0256 ***	0.0010 *	0.0124	0.0015 **
	W*lnFDI	0.0134 ***	0.0044 ***	0.0157 ***	0.0006 ***
	W*lnGOV	-0.0023	-0.0064 *	-0.0190 **	-0.0043 **
	W*lnHR	0.0037 *	0.0047	0.0005	0.0067 **
	W*dep.var	0.4880 ***	0.4520 ***	0.4590 ***	0.4071 ***

续表

模型	解释变量	无固定效应	空间固定	时间固定	时空固定
空间杜宾面板模型	R-squared	0.4781	0.9124	0.4794	0.9131
	sigma^2	0.0019	0.0004	0.0019	0.0004
	log-likelihood	4038.3256	6169.5402	4045.0811	6190.3328

注：*、**和***分别表示在10%、5%和1%的显著性水平下显著。

表5-6 地理距离权重矩阵下各空间面板数据模型参数估计结果

模型	解释变量	无固定效应	空间固定	时间固定	时空固定
空间自回归面板数据模型	Constant	0.3723***			
	lnSA	0.0451***	0.0027***	0.0489***	0.0029***
	lnFDI	0.0090***	0.0012*	0.0091***	0.0011*
	lnGOV	-0.0084***	-0.0006	-0.0156***	-0.0048*
	lnHR	0.0184***	0.0126***	0.0168***	0.0106***
	W*dep.var	0.3210***	0.4840***	0.2710***	0.3913***
	R-squared	0.4465	0.9116	0.4505	0.9121
	sigma^2	0.0021	0.0004	0.0021	0.0004
	log-likelihood	3986.2757	6154.4659	3982.2070	6178.8466
空间误差面板数据模型	Constant	0.6415***			
	lnSA	0.0471***	0.0027***	0.0495***	0.0033***
	lnFDI	0.0107***	0.0009	0.0106***	0.0009
	lnGOV	-0.0105***	-0.0058**	-0.0166***	-0.0047
	lnHR	0.0172***	0.0141***	0.0164***	0.0102***
	spat.aut.	0.4610***	0.4730***	0.3570***	0.3716***
	R-squared	0.4037	0.9026	0.4305	0.9083
	sigma^2	0.0020	0.0004	0.0020	0.0004
	log-likelihood	3998.3017	6136.8148	4004.5189	6175.4942
空间杜宾面板模型	Constant	0.1862***			
	lnSA	0.0494***	0.0039***	0.0500***	0.0038***
	lnFDI	0.0122***	0.0003*	0.0119***	0.0003**
	lnGOV	-0.0112***	-0.0037*	-0.0132***	-0.0044**

续表

模型	解释变量	无固定效应	空间固定	时间固定	时空固定
空间杜宾面板模型	lnHR	0.0162 ***	0.0103 ***	0.0157 ***	0.0104 ***
	W * lnSA	-0.0265 ***	0.0004 *	0.0118	0.0038 **
	W * lnFDI	0.0166 ***	0.0056 ***	0.0177 ***	0.0006 ***
	W * lnGOV	-0.0059	-0.0025 *	-0.0288 ***	-0.0075 **
	W * lnHR	0.0024	0.0057 *	0.0012	0.0072 **
	W * dep. var	0.4529 ***	0.4270 ***	0.4040 ***	0.3602 ***
	R-squared	0.4681	0.9118	0.4707	0.9427
	sigma^2	0.0020	0.0004	0.0020	0.0004
	log-likelihood	4020.6893	6164.5757	3994.4840	6189.7254

注：*、** 和 *** 分别表示在10%、5%和1%的显著性水平下显著。

表5-5和表5-6中结果显示：

第一，在地理距离权重矩阵和经济距离权重矩阵下，对SAR、SEM、SDM三种空间面板模型而言，都有时空固定时模型估计效果最优。具体来看，一方面，时空固定时三种空间面板模型的拟合优度（R^2）均大于0.90，且Log-likelihood统计量值最大，说明模型整体拟合效果最好；另一方面，模型中解释变量的影响系数大多至少通过10%水平的统计显著性检验，说明自变量对因变量具有较好的解释能力。在研究期间内，城市产业结构升级水平在时间上和空间上都存在一定变化，除时空固定效应估计外，其他三种估计（无固定效应、空间固定效应、时间固定效应）都无法同时避免由于产业结构升级水平在时间和空间上的变化而导致的模型估计偏误，故在四种估计中，时空固定效应估计能够相对准确地反映现实，得出较为客观的估计结果。因此，与第四章一样，本章着重对时空固定效应估计结果进行讨论，且后续研究选择时空固定效应模型进行分析。

第二，在两种空间权重矩阵下，同时对三种空间面板数据模型的估计结果进行比较发现，虽然三种模型时空固定效应的拟合程度都较好，但空间自回归面板模型（SAR）与空间杜宾面板模型（SDM）的拟合优度略高于空间误差面板模型（SEM），且前两个模型中解释变量系数的显著性较高。说明空间自回归模型的拟合效果相对空间误差面板而言较好，这与空间相关性检验（见表5-4）中得出的结论一致，并且能够证明空间自回归模型中，引入解释变量的空间滞后项建立空间杜宾面板模型是合理的。

第三，空间自回归系数（W * dep. var）和空间自相关系数（W * dep. var）的参数估计结果取值为正，且都通过了在1%水平下的统计显著性检验。这说明中国各城市产业结构升级具有显著的正向空间相关效应，反映出城市产业结构升级在一定程度上依赖于与之具有相似空间特征的城市的产业结构升级。对两种权重模型下的空间相关系数进行比较发现，虽然两种权重下产业结构升级都具有显著的正向空间相关系数，但经济距离权重模型的空间相关系数要略高于地理距离权重模型。说明地理位置的接近和经济发展的相似都会对产业结构升级水平的空间相关性产生正向影响。一方面，地理距离的接近有利于城市间产业发展的互动交流；另一方面，经济发展水平相似的城市之间的产业结构更为类似，产业合作发展的机会更多，互动空间更大，造成产业结构升级的空间关联更为紧密。因此，相对于地理距离因素，经济发展特征对产业结构升级的空间相关影响更大。

第四，空间面板自回归模型和空间面板杜宾模型中参数估计结果显示，自变量 lnSA、lnFDI 和 lnHR 对因变量 lnIND 存在显著的正向影响。因此，根据参数估计结果能够得出以下结论：一是证实了生产性服务业集聚能够推动产业结构升级的理论假设，说明虽然中国生产性服务业整体集聚水平偏低，但其集聚效应确实在一定程度上推动了产业结构优化升级。二是外商直接投资能够有效推动东道国的产业结构升级，这与相关已有研究中的结论相符合。作为一种投入要素，FDI 可以通过影响资本存量的增长和投资效率的提高来促进东道国的产业结构优化升级，同时 FDI 产生的技术进步也能够有效促进东道国的产业结构升级，这种技术进步效应主要体现在：对生产要素投入组合进行调整获得更大产出、提高产业的附加值和收入弹性、促进产品出口从而加快产业结构升级步伐。三是人力资本存量的增长对产业结构升级存在显著的正向推动。要实现使高附加值的资本和技术密集型产业具有比较优势这一产业结构优化升级目标，首先要保证人力资本积累的不断提高，只有当人力资本这一生产要素的比较优势结构朝着有利于产业结构优化升级的方向转变时，才能达到实现产业结构升级的最终目标。

第五，空间面板杜宾模型中解释变量空间滞后项的参数估计结果显示，生产性服务业集聚度、外商直接投资、人力资本存量的空间滞后项（W*lnSA、W*lnFDI 和 W*lnHR）对产业结构升级（lnIND）的影响系数也显著为正。说明生产性服务业集聚发展、外商直接投资及人力资本存量的增长，不仅能够对本地产业结构升级产生促进作用，还对周边地区的产业结构升级存在正向溢出效应；从影响系数大小来看，人力资本存量的空间溢出作用要大于生产性服务业集聚，而外商直接投资的空间溢出作用最小。

第六，空间面板自回归模型和空间面板杜宾模型中参数估计结果显示，政府控制 lnGOV 及其空间滞后项 W*lnGOV 对 lnIND 却存在显著的负向影响，而政府控制会对本地及周边地区的产业结构升级产生消极影响。说明中国政府在产业结构调整中存在着"政策失灵"的现象，该现象产生的原因可能有以下几点：一是与中国实施的财政包干政策有关，该政策使得各级地方政府成为独立的利益主体，产业政策的决策过程中，各级政府机构及官员本着自身利益最大化的原则，力求制定出的产业政策符合其自身利益取向，因此可能无法保证产业政策的科学性；二是政府行政分权的不彻底，导致国家层面制定的产业政策在具体的执行过程中，由于涉及地方政府和部门利益被严重扭曲，从而导致产业政策的执行不力，进而对产业结构升级产生负面影响；三是政府机构运行效率低下及信息的不完全,使得产业结构调整政策无法根据社会经济发展变化进行及时、同步的调整,容易导致产业政策的滞后性,造成产业发展现状与产业政策之间的不适应,从而影响产业结构升级。

第三节 生产性服务行业内集聚对产业结构升级的影响效应

上节实证分析证实生产性服务业整体集聚能够显著促进产业结构升级,为了进一步分析五大生产性服务行业内部集聚对产业结构升级的影响,本节建立两组分行业空间面板数据模型式(5-6)和式(5-7)进行实证检验。变量说明如表5-1所示。

一、空间相关性检验

为了选择空间面板数据模型的类型,在两种空间权重下对空间计量模型进行空间相关性检验,结果如表5-7所示。

表5-7 两种权重下分行业空间相关性检验

行业	统计量	空间地理距离权重矩阵	空间经济距离权重矩阵
物流业	LM Lag	67.8079	53.1339
	LM Error	18.6864	24.8927
	R-LM Lag	60.0933	44.947
	R-LM Error	10.9718	16.7058
信息服务业	LM Lag	70.7915	56.0518
	LM Error	65.7448	50.2432
	R-LM Lag	9.5409	14.0778
	R-LM Error	4.4942	8.2692

续表

行业	统计量	空间地理距离权重矩阵	空间经济距离权重矩阵
金融业	LM Lag	69.4841	54.8928
	LM Error	63.4298	48.3182
	R-LM Lag	12.9876	17.6046
	R-LM Error	6.9333	11.03
商务服务业	LM Lag	69.9821	55.5633
	LM Error	13.3316	18.1281
	R-LM Lag	63.8094	48.8514
	R-LM Error	7.1589	11.4162
科技服务业	LM Lag	67.9121	53.083
	LM Error	60.5943	45.1833
	R-LM Lag	16.5358	22.3411
	R-LM Error	9.218	14.4415

注：表中统计量值皆通过 1% 水平下的统计显著性检验。

由表 5-7 中两种权重下的空间相关性检验结果可以看出，对五大生产性服务行业都有 LMLAG、LMERR 和 R-LMLAG、R-LMERR 两组检验统计量皆通过统计显著性检验，但是从统计量数值大小上来看，LMLAG 和 R-LMLAG 的检验值分别大于 LMERR 和 R-LMERR 的检验值。另外，上节实证分析得出空间自回归面板模型拟合程度较高，故本节选择空间自回归面板数据模型进行实证分析。为了检验各生产性服务行业集聚对产业结构升级的空间溢出，需同时建立分行业空间面板杜宾模型进行分析。

二、模型估计结果分析

利用 Matlab 统计软件得到两种空间权重矩阵下两种空间面板数据模型的参数估计结果，分别列示于表 5-8 和表 5-9 中。其中，模型 1、模型 2、模型 3、模型 4、模型 5 分别代表物流业集聚模型、信息服务业集聚模型、金融业集聚模型、商务服务业集聚模型及科技服务业集聚模型。需要说明的是,通过上文的实证检验发现时空固定效应的估计结果优于其他三种固定效应,于是表5-8、表5-9中仅列示时空固定效应的估计结果。

表5-8 两种空间权重矩阵下分行业空间面板自回归模型估计结果

	解释变量	模型1	模型2	模型3	模型4	模型5
经济距离权重	lnFDI	0.0092***	0.0091***	0.0094***	0.0077***	0.0099***
	lnGOV	-0.0122***	-0.0102***	-0.0042	-0.0049*	-0.0116***
	lnHR	0.0177***	0.0216***	0.0226***	0.0199***	0.0179***
	lnSA1	0.0276***	—	—	—	—
	lnSA2	—	0.0190***	—	—	—
	lnSA3	—	—	0.0102***	—	—
	lnSA4	—	—	—	0.0187***	—
	lnSA5	—	—	—	—	0.0179***
	W * dep. var	0.3910***	0.3370***	0.3650***	0.3470***	0.3760***
	R-squared	0.9127	0.9128	0.9127	0.9128	0.9129
	sigma^2	0.0004	0.0004	0.0004	0.0004	0.0004
	log-likelihood	6185.0068	6184.7079	6183.3199	6184.8765	6187.4903
地理距离权重	lnFDI	0.0092***	0.0092***	0.0095***	0.0078***	0.0100***
	lnGOV	-0.0132***	-0.0113***	-0.0054*	-0.0059**	-0.0127***
	lnHR	0.0182***	0.0219***	0.0229***	0.0202***	0.0182***
	lnSA1	0.0273***	—	—	—	—
	lnSA2	—	0.0193***	—	—	—
	lnSA3	—	—	0.0117***	—	—
	lnSA4	—	—	—	0.0189***	—
	lnSA5	—	—	—	—	0.0181***
	W * dep. var	0.3040***	0.2600***	0.2810***	0.2680***	0.3020***
	R-squared	0.9122	0.9122	0.9122	0.9123	0.9124
	sigma^2	0.0004	0.0004	0.0004	0.0004	0.0004
	log-likelihood	6179.9728	6179.7404	6178.3743	6180.0549	6182.3746

注:*、**和***分别表示在10%、5%和1%的显著性水平下显著。

各生产性服务行业空间面板自回归模型和空间面板杜宾模型的估计结果都显示，空间自回归系数（W * dep. var）取值为正且都通过了在1%水平下的统计显著性检验，同时，对两种权重模型下的空间相关系数进行比较也发现，经济距离权重模型的空间相关系数要略高于地理距离权重模型。因此，这一结果再次验证了中国各城市产业结构升级之间显著的正向空间相关效应，并且相对于地理距离因素，经济发展特征对产业结构升级的空间相关影响更大。

与生产性服务业整体集聚的空间面板模型分析结果一致，五个行业内集聚模型结果同样显示，外商直接投资 lnFDI 和人力资本存量 lnHR 对因变量 lnIND 具有显著的正向影响，而政府控制 lnGOV 对 lnIND 的影响则显著为负。再次证实了外商直接投资及人力资本存量增加，对中国产业结构升级具有明显的推动作用，而政府的干预则会在一定程度上对产业结构升级产生负面影响。

表5–9　　两种空间权重矩阵下分行业空间面板杜宾模型参数估计结果

	解释变量	模型1	模型2	模型3	模型4	模型5
经济距离权重	lnFDI	0.0120***	0.0127***	0.0122***	0.0113***	0.0126***
	lnGOV	-0.0109***	-0.0097***	-0.0029	-0.0073**	-0.0087***
	lnHR	0.0167***	0.0208***	0.0219***	0.0188***	0.0169***
	W * lnFDI	0.0146***	0.0188***	0.0184***	0.0165***	0.0153***
	W * lnGOV	-0.0173**	-0.0263***	-0.0299***	-0.0042	-0.0341***
	W * lnHR	0.0013	0.0037	0.0048*	0.0043	0.0025
	lnSA1	0.0178***	—	—	—	—
	W * lnSA1	0.0131**	—	—	—	—
	lnSA2	—	0.0175***	—	—	—
	W * lnSA2	—	0.0186***	—	—	—
	lnSA3	—	—	0.0161***	—	—
	W * lnSA3	—	—	0.0092***	—	—

第五章 中国生产性服务业集聚对产业结构升级的影响 153

续表

	解释变量	模型1	模型2	模型3	模型4	模型5
经济距离权重	lnSA4	—	—	—	0.0081***	—
	W*lnSA4	—	—	—	0.0001**	—
	lnSA5	—	—	—	—	0.0107***
	W*lnSA5	—	—	—	—	0.0085**
	W*dep.var	0.4810***	0.3930***	0.4100***	0.4520***	0.4530***
	R-squared	0.9132	0.9133	0.9129	0.9131	0.9133
	sigma^2	0.0004	0.0004	0.0004	0.0004	0.0004
	log-likelihood	6194.1439	6196.3142	6190.1864	6191.5283	6195.0056
地理距离权重	lnFDI	0.0118***	0.0124***	0.0120***	0.0113***	0.0123***
	lnGOV	-0.0107***	-0.0099***	-0.0043	-0.0066**	-0.0086***
	lnHR	0.0173***	0.0211***	0.0224***	0.0192***	0.0171***
	W*lnFDI	0.0165***	0.0199***	0.0186***	0.0187***	0.0174***
	W*lnGOV	-0.0249***	-0.0334***	-0.0324***	-0.0140*	-0.0415***
	W*lnHR	0.0083*	0.0045	0.0057**	0.0021	0.0031
	lnSA1	0.0171***	—	—	—	—
	W*lnSA1	0.0123**	—	—	—	—
	lnSA2	—	0.0185***	—	—	—
	W*lnSA2	—	0.0132**	—	—	—
	lnSA3	—	—	0.0165***	—	—
	W*lnSA3	—	—	0.0091**	—	—
	lnSA4	—	—	—	0.0060***	—
	W*lnSA4	—	—	—	0.0006**	—
	lnSA5	—	—	—	—	0.0097***
	W*lnSA5	—	—	—	—	0.0066**
	W*dep.var	0.4440***	0.3561***	0.3510***	0.3890***	0.4260***
	R-squared	0.9128	0.9131	0.9127	0.9128	0.9130
	sigma^2	0.0004	0.0004	0.0004	0.0004	0.0004
	log-likelihood	6193.2458	6195.8768	6189.0820	6190.9472	6193.7493

注：*、**和***分别表示在10%、5%和1%的显著性水平下显著。

对五大生产性服务行业集聚模型参数估计结果进行比较发现，与分行业集聚对区域经济增长影响分析得到的结论不同，五大生产性服务行业的集聚发展对产业结构升级皆表现出一定促进作用，但其作用大小不一。其中，信息服务业集聚促进作用最大，其余依次为物流业集聚、金融业集聚、科技服务业集聚和商务服务业集聚。

1. 信息服务业

作为重要的中间投入行业，信息服务业集聚通过知识共享能够增强其本身的技术研发能力，并对现代工业发展产生积极影响。一方面，云计算、物流网等信息技术的创新及应用，能够促进制造业生产模式创新，推动制造业的智能化、柔性化和服务化；另一方面，高效的信息咨询、集成实施、运行维护、测试评估、信息安全服务，能够促进工业生产业务流程的再造和优化，提升工业企业生产经营管理过程中的数字化水平。另外，作为公共基础设施的重要方面，信息技术服务的发展能够加快农村互联网基础设施建设，推进信息进村入户，为现代农业发展提供信息支撑。因此，通过信息服务业的传导机制，该服务行业集聚能够促进第一、第二产业的发展，并最终对产业结构升级产生积极影响。

2. 物流业集聚

物流企业在特定区域内集聚发展，有利于搭建综合性、专业性物流公共信息平台，建立货物配载中心，增强物流集聚区的品牌效应，使集聚区内物流企业能够快速衔接货物信息，高效利用运输工具，进而提高物流行业服务标准，为物流业与制造业、物流业与农业的联动发展提供支撑。一方面，大力发展铁水联运、江海直达、滚装运输、道路货物甩挂等多种运输方式，扩大物流运输的承载量；另一方面，加强技术开发，发展连锁配送等现代经营方式，推进物联网、地理信息等技术在物流管理方面的应用，实现物流企业配送方式的快速、智能、精准，为制造企业提供全面、优质、快捷的运输服务，节省制造企业在材料和产品运输上的时间和资金成本，对制造业的生产和销售均有利。同时，不断完善农村物流服务体系，能够促进农产品的产销衔接，加快农产品批发零售的市场改造升级，对发展现代农业提供帮助。鉴于以上分析，物流业集聚对产业结构升级具有明显的推动作用。

3. 金融业

金融集聚对产业结构升级的促进作用主要体现在缓解资金约束、提高资源配置和有效降低风险几个方面。第一，金融业集聚发展能够通过建立高效的支付体系，发挥强大的融资功能，克服储户信息不对称和交易成本过高等问题，提高全社会的投资水平，从而使得产业结构升级中的资金约束得到缓解。第二，金融集聚有利于集聚区内信息网络的形成，而信息互通和共享又能在一定程度上提高资源配置效率，对发展潜力较好的行业，适当增加资本投入，促进其快速发展；对市场竞争力较低的行业，适当减少投资，使得社会资源由衰退产业向新兴产业转移，推动产业结构升级。第三，金融集聚能够有效控制产业结构升级中的风险。一方面，通过调整资源配置方向，产业发展过程中投资风险能够得到有效控制；另一方面，通过证券化融资等金融手段，能够实现分化持有，有效降低风险，促进产业结构升级。

4. 科技服务业

产业技术创新是产业结构升级的根本推动力，科技服务业集聚对产业结构升级的积极影响主要体现在推动相关联产业的技术革新上。科技服务业作为运用现代科学技术和研究方法向其他行业提供智力服务的产业，其集聚发展能够有效增强区域创新能力。一方面，制造业企业能够通过科技服务外包的方式，达到产业技术创新的目的；另一方面，科技服务业集聚对制造企业的知识溢出效应较强，有利于增强制造企业的自主创新能力，推动制造业的转型升级。因此，通过科技服务业集聚，在集聚园区内形成创新网络，促进科技服务企业和其他产业尤其是制造业的融合互动发展，可以为产业结构升级提供强大的科技服务支撑，推动产业结构向更高层次转变。

5. 商务服务业

作为中间投入的重要组成部分，商务服务最主要的服务对象是高端制造企业。当制造业的专业化分工进入较高的层次，制造企业对管理文化、品牌效应、产品附加值、产品创新等无形资产的重视程度将进一步加深。此时，以管理、法律、会计、咨询服务为主的商务服务的市场需求加大，成为制造业企业转型升级的重要支撑。因此，商务服务业的集聚发展影响行业本身劳动生产率的提高，在一定意义上也影响着其所提供服务的行业的发展规模、质量和速度，进而对整个社会产业结构的协调，以及产业结构层次产生重要影响。

本章小结

与第四章类似，本章以2003～2012年全国239个地级以上城市为样本，建立空间计量模型就中国生产性服务业集聚对产业结构升级的影响效应进行实证检验。为了探索行业间差异，将实证检验分为整体和局部两个不同层面进行：一方面，揭示生产性服务业整体集聚对产业结构升级的影响；另一方面，衡量各生产性服务行业内部集聚对产业结构升级影响效应的差别。

第一，生产性服务业整体集聚对产业结构升级的影响。采用地理距离和经济距离空间权重矩阵分别建立空间自回归面板模型、空间误差面板模型和空间杜宾面板模型的四种固定效应模型进行比较研究。得到如下主要结论：

一是与城市经济增长模型结论一致，对三种空间面板数据模型都有在时空均固定时的估计结果要明显优于其他三种类型固定效应的估计结果，时空固定效应估计更能够准确反映产业结构升级的实际情况。另外，根据两个拉格朗日乘数及其稳健形式检验结果，在两种空间权重矩阵下，都有空间自回归面板模型（SAR）与空间杜宾面板模型（SDM）拟合效果更优。

二是两种空间权重矩阵下，中国各城市产业结构升级均具有显著的正向空间相关效应，邻近城市间产业结构升级水平相互依赖，相互影响。但经济距离权重模型的空间相关系数略高于地理距离权重模型，与城市经济增长相同，相对于地理距离因素，经济发展特征对产业结构升级的空间相关性影响更大。

三是生产性服务业整体集聚、外商直接投资增加、人力资本存量增长确实在一定程度上推动了本地及周边城市的产业结构优化升级。从影响系数上看，人力资本存量对产业结构升级的空间溢出作用要大于生产性服务业集聚，外商直接投资的空间溢出作用最小。

四是政府控制会对本地及周边地区的产业结构升级产生消极影响。说明中国政府在产业结构调整中存在着"政策失灵"的现象，该现象产生的可能原因：与中国实施的财政包干政策有关；政府行政分权的不彻底；政府机构运行效率低下及信息的不完全。

第二，生产性服务行业内部集聚对产业结构升级的影响。同样采用地理距离和经济距离空间权重矩阵，分别建立各行业的空间自回归面板模型、空间误差面板模型和空间杜宾面板模型的时空固定效应模型进行比较研究。得到如下主要结论：

一是根据两个拉格朗日乘数及其稳健形式检验结果，在两种空间权重矩阵下，各生产性服务行业都有空间自回归面板模型（SAR）与空间杜宾面板模型（SDM）拟合效果更优。另外，实证结果再次验证了中国各城市产业结构升级之间的显著正向空间相关效应，并且相对于地理距离因素，经济发展特征对产业结构升级的空间相关性影响更大。

二是与生产性服务业整体集聚的空间面板模型分析结果一致，五个行业内集聚模型估计结果再次证实了外商直接投资及人力资本存量增加对中国产业结构升级具有明显的推动作用，政府控制在一定程度上会对产业结构升级产生负面影响。

  三是与分行业集聚对区域经济增长影响分析得到的结论不同，五大生产性服务行业的集聚发展对本地及周边城市的产业结构升级皆表现出一定促进作用，但其作用力大小不一，其中信息服务业集聚促进作用最大，其余依次为物流业集聚、金融业集聚、科技服务业集聚和商务服务业集聚。

第六章 中国生产性服务业集聚的经济发展效应区域差异

第四章和第五章的实证分析，证实了中国生产性服务业集聚对区域经济增长和产业结构升级皆具有一定的正向影响，且不同生产性服务行业的内部集聚产生的影响效应各异。然而，中国幅员辽阔，各区域地理位置和资源禀赋的差异，必然导致各区域经济增长和产业结构升级上的不同步；并且根据第二章中对各区域生产性服务业集聚度测定结果可以看出，中国四大区域生产性服务业集聚发展状况也不一致。因此，中国生产性服务业集聚产生的经济效应势必存在一定区域差异。

鉴于此，本章将进一步分析各区域生产性服务业集聚对经济增长和产业结构升级的影响，旨在了解生产性服务业集聚的经济增长效应和产业结构升级效应的区域差异状况，有助于各区域因地制宜地促进生产性服务业集聚发展，进而推动区域经济增长和产业结构升级。

第一节 生产性服务业集聚的经济增长效应区域差异

一、样本说明和模型建立

为了进行区域差异性分析，将第四章中281个地级以上样本城市依据其所属省份划分为东部、东北、中部和西部四大区域①。

计算2012年中国四大区域内城市经济增长水平的MoranI值如表6-1所示,可以看出,各区域内城市经济增长皆具有显著的正向空间自相关性,城市之间的经济增长会产生相互影响。因此,选择空间计量方法进行实证研究。

表6-1　　　　2012年各区域经济增长水平的MoranI值

区域	东部	东北	中部	西部
MoranI	0.176	0.120	0.023	0.257
P值	0.000	0.001	0.043	0.000

进一步进行空间相关性检验,LMLAG和R-LMLAG的检验值分别大于LMERR和R-LMERR的检验值(见表6-2),选择空间面板杜宾模型进行实证分析。需要特别说明,由第四章分析结果可知,经济发展特征对经济增长的空间相关影响更大,因此,本章选择经济距离空间权重矩阵进行建模。

表6-2　　　　各区域空间相关性检验

统计量	东部	东北	中部	西部
LM Lag	157.5740	1.3388	24.0937	19.9070
Prob.	0.0000	0.0000	0.0000	0.0000
LM Error	150.3598	1.2247	17.7288	18.3837
Prob.	0.0000	0.0000	0.0000	0.0000
R-LM Lag	13.2865	0.1144	10.7727	5.3807
Prob.	0.0000	0.0000	0.0000	0.0200
R-LM Error	6.0724	0.0002	4.4078	3.8574
Prob.	0.0140	0.0000	0.0000	0.0500

---

① 区域划分后,东部地区共包含87个地级以上城市;东北地区共包含34个地级以上城市;中部和西部地区共包含80个地级以上城市。

分别采用2003~2012年各区域样本城市面板数据,建立以下空间面板杜宾模型进行区域差异性分析,变量选择与第四章中全国样本实证分析相同,具体变量说明如表4-1所示。

$$\ln PCGDP_{it} = \rho \sum_{j=1}^{N} W_{ij} \ln PCGDP_{jt} + \beta_1 \ln KI_{it} + \beta_2 \ln LI_{it} + \beta_3 \ln SA_{it} + \beta_4 \sum_{j=1}^{N} W_{ij} \ln KI_{jt} + \beta_5 \sum_{j=1}^{N} W_{ij} \ln LI_{jt} + \beta_6 \sum_{j=1}^{N} W_{ij} \ln SA_{jt} + \varepsilon_{it} \qquad (6-1)$$

二、生产性服务业整体集聚对经济增长影响的区域差异

采用极大似然参数估计方法,利用Matlab统计软件得到各区域模型的参数估计结果,如表6-3所示。

表6-3　　　各区域生产性服务业整体集聚对经济增长的影响

解释变量	东部	东北	中部	西部
lnKI	0.226494 ***	0.239192 ***	0.171548 ***	0.069991 **
lnLI	-0.1746 ***	-0.102853 *	-0.01807 *	-0.001138 *
lnSA	0.08965 **	0.01916 *	0.039579 *	0.049463 **
W * lnKI	0.019043 *	0.02341 *	0.096435 *	0.061277 *
W * lnLI	-0.45057 **	-0.102664 *	-0.069121 *	-0.03114 *
W * lnSA	0.89502 ***	0.421263 **	0.318934 **	0.928899 ***
W * dep. var	0.660077 ***	0.18832 ***	0.569375 ***	0.589636 ***
R-squared	0.9782	0.981	0.9846	0.95
sigma^2	0.0117	0.0104	0.0075	0.04
log-likelihood	731.0574	316.246	864.7876	192.2884

注：*、** 和 *** 分别表示在10%、5%和1%的显著性水平下显著。

从表6-3中结果可知：

第一，四大区域模型估计结果中代表空间相关性的空间自回归系数即 W * dep. var 取值为正，且都通过了在 1% 水平下的统计显著性检验。这说明中国四大区域内城市经济增长都具有显著的正向空间相关效应，各区域内具有相似经济特征的城市之间经济增长相互影响。

第二，与全国样本实证分析结果一致，各区域模型参数估计结果都显示资本投入 lnKI 对本地经济增长存在显著的正向影响，且对周边城市经济增长的空间溢出效应也为正，而劳动投入 lnLI 对本地经济增长的影响及对周边城市经济增长的空间溢出却显著为负。

第三，各区域生产性服务业整体集聚 lnSA 都对经济增长具有显著的正向影响，但影响作用大小存在区域差异。四大区域中，东部地区生产性服务业整体集聚的经济增长效应最大（0.08965）；其次为西部地区（0.049463）；中部地区再次（0.039579）；东北地区影响效应最小（0.01916）。

第四，各区域生产性服务业整体集聚 lnSA 对经济增长存在正向的空间溢出，即周边城市的生产性服务业整体集聚程度能够促进该城市的经济增长。换言之，生产性服务业整体集聚对周边城市经济增长也具有一定的促进作用。这种空间溢出作用大小同样存在一定区域差异，四大区域按生产性服务业整体集聚对经济增长的空间溢出作用由大至小依次排列，分别为西部地区（0.928899）、东部地区（0.89502）、东北地区（0.421263）、中部地区（0.318934）。这说明，虽然西部地区城市的生产性服务业整体集聚对本地经济增长的促进作用较东部地区更弱，但其对周边经济发展特征类似城市的经济增长所产生的外溢作用较东部地区更强；同样，东北地区城市的生产性服务业整体集聚对经济增长的空间外溢作用比中部地区更强。

由以上参数估计结果分析可以看出，中国各区域生产性服务业整体集聚对经济增长的促进作用确实存在一定区域差异，且其本地经济增长效应与空间经济增长溢出效应的区域差异状况不同。生产性服务业包含五种特征各异的服务行业，不同行业在各区域的集聚发展状况不同，对经济增长的影响作用也必然存在差异，进而可能导致生产性服务业整体集聚对经济增长影响的区域差异。因此，为了进一步探究该区域差异性的产生原因，我们将针对各区域进行分行业实证比较分析。

三、各生产性服务行业集聚对经济增长影响的区域差异

同样，采用极大似然参数估计方法，利用 Matlab 统计软件得到分行业各区域模型的参数估计结果，依次列示于表 6-4~表 6-8 中。

表 6-4　　　　　各区域物流业集聚对经济增长的影响

解释变量	东部	东北	中部	西部
lnKI	0.224738 ***	0.236632 ***	0.172865 ***	0.066638 **
lnLI	-0.18451 ***	-0.086834 *	-0.02568 *	-0.02317 *
lnSA	0.06399 ***	-0.0286 ***	-0.0156 **	0.030529 **
W * lnKI	0.04836 *	0.11109 *	0.074865 *	0.075743 *
W * lnLI	-0.30566 **	-0.02366 **	-0.02031 **	-0.41979 **
W * lnSA	0.54445 **	-0.1266 **	-0.1283 **	0.145535 **
W * dep. var	0.645407 ***	0.12808 ***	0.613572 ***	0.646205 ***
R-squared	0.9782	0.9814	0.9845	0.9496
sigma^2	0.0117	0.0102	0.0076	0.0403
log-likelihood	733.0665	319.7683	859.5329	187.8552

注：*、** 和 *** 分别表示在 10%、5% 和 1% 的显著性水平下显著。

表 6-5　　　　　各区域信息服务业集聚对经济增长的影响

解释变量	东部	东北	中部	西部
lnKI	0.236353 ***	0.244718 ***	0.172515 ***	0.064884 **
lnLI	-0.15765 ***	-0.106555 *	-0.02656 *	-0.00895 *
lnSA	0.03694 **	0.012968 **	0.00691 **	0.03114 **

续表

解释变量	东部	东北	中部	西部
W * lnKI	0.01476 **	0.04671 *	0.078 *	0.096758 *
W * lnLI	-0.252777 **	-0.01997 *	-0.018439 *	-0.040855 *
W * lnSA	0.40052 **	0.19759 **	0.118015 **	0.561348 ***
W * dep. var	0.762859 ***	0.12283 ***	0.614248 ***	0.542568 ***
R-squared	0.9778	0.9808	0.9845	0.9507
sigma^2	0.0119	0.0105	0.0075	0.0394
log-likelihood	713.5182	314.9481	860.2707	199.3959

注：*、** 和 *** 分别表示在 10%、5% 和 1% 的显著性水平下显著。

表 6-6　　各区域金融业集聚对经济增长的影响

解释变量	东部	东北	中部	西部
lnKI	0.235918 ***	0.24191 ***	0.17159 ***	0.072663 **
lnLI	-0.19828 ***	-0.135082 *	-0.00728 *	-0.06803 **
lnSA	0.07488 **	0.02106 **	0.037638 *	0.03855 *
W * lnKI	0.03843 **	0.03663 **	0.041267 **	0.068873 **
W * lnLI	-0.40606 *	-0.45031 *	-0.089141 *	-0.36527 *
W * lnSA	0.82672 ***	0.12578 **	0.48554 **	0.697066 ***
W * dep. var	0.693611 ***	0.11645 ***	0.608542 ***	0.586923 ***
R-squared	0.9781	0.9809	0.9845	0.9503
sigma^2	0.0117	0.0104	0.0075	0.0398
log-likelihood	726.2808	315.8517	860.4563	194.9296

注：*、** 和 *** 分别表示在 10%、5% 和 1% 的显著性水平下显著。

表 6-7　　各区域商务服务业集聚对经济增长的影响

解释变量	东部	东北	中部	西部
lnKI	0.231665 ***	0.236158 ***	0.169297 ***	0.063966 **
lnLI	-0.14542 ***	0.077931 *	-0.02349 *	-0.04606 *
lnSA	0.01911 **	0.006534 *	0.015417 *	-0.02252 *
W * lnKI	0.02034 *	0.01959 *	0.117779 *	0.09187 *

续表

解释变量	东部	东北	中部	西部
W * lnLI	-0.197244 **	-0.22939 **	-0.06853 **	-0.48694 **
W * lnSA	0.25776 ***	0.176861 ***	0.179289 ***	-0.02001 *
W * dep. var	0.731292 ***	0.27655 ***	0.563981 ***	0.652381 ***
R-squared	0.9778	0.9814	0.9847	0.9497
sigma^2	0.0119	0.0102	0.0075	0.0402
log-likelihood	718.6599	319.2851	866.7659	188.0955

注：*、** 和 *** 分别表示在 10%、5% 和 1% 的显著性水平下显著。

表 6-8　各区域科技服务业集聚对城市经济增长的影响

解释变量	东部	东北	中部	西部
lnKI	0.227839 ***	0.236911 ***	0.159603 ***	0.06382 *
lnLI	-0.15855 ***	-0.021499 *	-0.015277 *	-0.00729 *
lnSA	0.03347 *	-0.01534 ***	-0.01503 ***	0.031432 *
W * lnKI	0.04789 **	0.033688 **	0.01891 **	0.093886 **
W * lnLI	-0.07529 *	-0.075467 *	-0.01767 *	-0.45265 *
W * lnSA	0.20298 **	-0.11925 **	-0.131157 *	0.31174 *
W * dep. var	0.721936 ***	0.13389 ***	0.581889 ***	0.649768 ***
R-squared	0.9778	0.9816	0.9848	0.9497
sigma^2	0.0119	0.01	0.0074	0.0402
log-likelihood	717.4018	322.0811	868.5115	187.9107

注：*、** 和 *** 分别表示在 10%、5% 和 1% 的显著性水平下显著。

根据表 6-4～表 6-8 中估计结果，可以看出：

第一，从物流业集聚上来看，各区域物流业集聚发展对经济增长存在显著影响且具有明显的区域差异。东、西部地区物流业集聚对本地经济增长具有显著的促进作用，且存在明显的正向空间溢出，其中，东部地区物流业集聚对本地经济增长及周边城市经济增长的促进作用皆大于西部地区；东北、中部地区物流业集聚则对本地经济增长存在一定反向抑制作用，且反向空间溢出作用明显，其中，东北地区物流业集聚对本地及周边城市经济增长的抑制作用更强。这说明东北及中部地区物流业集聚发展落后于经济增长，从而对经济增长具有一定抑制作用。

第二，从信息服务业集聚上来看，各区域信息服务业集聚发展对经济增长皆存在显著的正向影响，但各区域影响力大小存在差别。从信息服务业集聚对本地经济增长的影响上来看，四大区域按影响效应由大至小依次排列为东部、西部、东北和中部地区；另外，从信息服务业集聚的空间溢出效应即对周边城市经济增长的影响方面来看，西部地区集聚的空间溢出效应最大，其次为东部地区，东北地区再次，中部地区最小。

第三，从金融业集聚上来看，各区域金融业集聚对经济增长都具有明显的促进作用，但作用大小不一。其中，东部地区金融业集聚对本地及周边城市经济增长的影响最大，中部和西部地区影响力相当，东北地区影响最小。

第四，从商务服务业集聚上来看，除西部地区外，东、中、东北部地区商务服务业集聚对本地及周边城市经济增长都存在显著的正向影响，且东部地区影响力效应最大，其次为中部地区，东北地区影响力效应最小。而西部地区商务服务业集聚发展要稍稍落后于本地及周边城市经济增长，因此表现出对经济增长的小幅反向作用力。

第五，从科技服务业集聚上来看，各区域科技服务业集聚对经济增长的作用效果显著，但作用方向并不统一。东、西部地区科技服务业集聚对经济增长具有促进作用，而中部及东北地区则对经济增长存在抑制作用。另外，虽然东部地区科技服务业集聚的本地经济增长效应最强，但其空间溢出效应不及西部地区。

综上所述，各区域不同生产性服务行业集聚发展对经济增长的影响各异：四大区域中，东部地区生产性服务业集聚对经济增长的促进作用最为明显，五大生产性服务行业集聚皆在一定程度上拉动城市经济增长，其中，金融业、物流业集聚拉动效果最为明显；西部地区生产性服务业集聚对经济增长的推动也较大，五大生产性服务行业中，除商务服务业外，其余四大生产性服务行业对经济增长的推动作用明显，并且在科技服务业、信息服务业这类知识含量较高的行业上，集聚的空间溢出作用最大，因此，能够解释西部地区生产性服务业整体集聚对经济增长具有最强的空间溢出效应；而中部和东北地区，由于在物流业及科技服务业集聚对经济增长具有一定的抑制作用，造成这两个地区生产性服务业整体集聚对经济增长的促进作用较弱。

第二节 生产性服务业集聚的产业结构升级效应区域差异

一、样本说明和模型建立

为了进行区域差异性分析，将第五章中239个地级以上样本城市依据其所属省份划分为东部、东北、中部和西部四大区域[①]。

计算2012年中国四大区域内城市经济增长水平的MoranI值如表6-9所示，可以看出，各区域内城市产业结构升级水平皆具有显著的正向空间自相关性，城市之间的产业结构升级相互之间具有一定影响。因此，同样选择空间计量方法进行实证研究。

表6-9　　2012年各区域城市产业结构升级水平的MoranI值

区域	东部	东北	中部	西部
MoranI	0.046	0.103	0.010	0.052
P值	0.022	0.005	0.015	0.021

---

① 区域划分后，东部地区包含83个地级以上城市；东北地区包含30个地级以上城市；中部地区包含77个地级以上城市；西部地区包含49个地级以上城市。

进一步进行空间相关性检验,LMLAG 和 R-LMLAG 的检验值分别大于 LMERR 和 R-LMERR 的检验值如表 6-10 所示,选择空间面板杜宾模型进行实证分析。需要特别说明,由第五章分析结果可知,经济发展特征对城市产业结构升级的空间相关性影响更大,故本章选择经济距离空间权重矩阵进行建模。

表 6-10　　　　　　各区域空间相关性检验

统计量	东部	东北	中部	西部
LM Lag	8.9706	2.3714	2.5128	2.9829
Prob.	0.0030	0.0350	0.0180	0.0000
LM Error	5.3895	2.2428	2.2758	2.7845
Prob.	0.0200	0.0240	0.0250	0.0000
R-LM Lag	7.3967	0.2016	0.5038	0.0092
Prob.	0.0070	0.0170	0.0310	0.0310
R-LM Error	3.8157	0.0731	0.2668	0.0075
Prob.	0.0510	0.0340	0.0470	0.0240

分别采用 2003~2012 年各区域样本城市面板数据,建立以下空间面板杜宾模型进行区域差异性分析,变量选择与第五章中全国样本实证分析相同,具体变量说明如表 5-1 所示。

$$\ln IND_{it} = \rho \sum_{j=1}^{N} W_{ij} \ln IND_{jt} + \beta_1 \ln FDI_{it} + \beta_2 \ln GOV_{it} + \beta_3 \ln HR_{it} + \beta_4 \ln SA_{it} + \beta_5 \sum_{j=1}^{N} W_{ij} \ln FDI_{jt} + \beta_6 \sum_{j=1}^{N} W_{ij} \ln GOV_{jt} + \beta_7 \sum_{j=1}^{N} W_{ij} \ln HR_{jt} + \beta_8 \sum_{j=1}^{N} W_{ij} \ln SA_{jt} + \varepsilon_{it} \qquad (6-2)$$

二、生产性服务业整体集聚对产业结构升级影响的区域差异

采用极大似然参数估计方法,利用 Matlab 统计软件得到各区域模型

的参数估计结果,列示于表 6-11 中。

表 6-11　各区域生产性服务业整体集聚对产业结构升级的影响

解释变量	东部	东北	中部	西部
lnFDI	0.0006 ***	0.0021 ***	0.0046 ***	0.0009 ***
lnGOV	-0.0002 **	-0.0260 ***	-0.0048 **	-0.0078 *
lnHR	0.0239 ***	0.0053 *	0.0014 *	0.0028 *
lnSA	0.0191 ***	-0.0078 **	-0.0030 **	0.0018 **
W * lnFDI	0.0088 **	0.0103 **	0.0059 **	0.0163 ***
W * lnGOV	-0.0083 *	-0.0090 **	-0.0222 **	-0.1051 ***
W * lnHR	0.0224 *	0.1609 ***	0.0243 **	0.0235 *
W * lnSA	0.0543 ***	-0.0985 ***	-0.0066 **	0.0971 ***
W * dep. var	0.5017 ***	0.1310 **	0.3083 ***	0.4806 ***
R-squared	0.9483	0.8978	0.8573	0.9555
sigma^2	0.0002	0.0004	0.0005	0.0002
log-likelihood	2414.4375	784.7161	1884.2342	1400.9837

注:*、** 和 *** 分别表示在 10%、5% 和 1% 的显著性水平下显著。

从表 6-11 中结果可知:

第一,各区域模型参数估计结果显示空间自回归系数取值都为正,并且在 5% 的概率水平下显著。这说明中国四大区域内城市产业结构升级都具有显著的正向空间相关效应,各区域内具有相似经济特征的城市之间产业结构升级的相互依赖较强。

第二,与全国样本实证分析结果一致,各区域模型参数估计结果都显示外商直接投资 lnFDI 与人力资本存量 lnHR 对本地产业结构升级及周边城市的产业结构升级都存在显著的正向影响,而政府控制 lnGOV 对本地及周边城市产业结构升级的影响都显著为负。

第三,各区域生产性服务业整体集聚 lnSA 对产业结构升级的影响作用显著,但影响方向和大小都存在区域差异。四大区域中,东、西部地区生产性服务业整体集聚的产业结构升级影响效应为正,且东部地区影响系数（0.0191）大于西部地区（0.0018）；东北、中部地区生产性服务业整体集聚的产业结构升级效应为负，且东北地区（-0.0078）集聚对产业结构升级的抑制作用较中部地区（-0.0030）更大。

第四，各区域生产性服务业整体集聚 lnSA 对产业结构升级的空间溢出效应显著，且同样存在明显的区域差异。东、西部地区生产性服务业整体集聚对产业结构升级的空间溢出作用为正，且西部地区（0.0971）空间溢出作用大于东部地区（0.0543）；东北、中部地区生产性服务业整体集聚对产业结构升级的空间溢出作用为负，且东北地区（-0.0985）集聚对周边城市产业结构升级的抑制作用大于中部地区（-0.0066）。

因此，与上节类似，为了进一步探究生产性服务业整体集聚对产业结构升级影响的区域差异性产生的具体原因，我们将针对各区域进行分行业实证比较分析。

三、各生产性服务行业集聚对产业结构升级影响的区域差异

同样，采用极大似然参数估计方法，利用 Matlab 统计软件得到分行业各区域模型的参数估计结果，依次列示于表 6-12~表 6-16 中。

表 6-12　　　　各区域物流业集聚对产业结构升级的影响

解释变量	东部	东北	中部	西部
lnFDI	0.000031 **	0.002183 **	0.004225 **	0.00097 **
lnGOV	-0.00104 *	-0.02514 **	-0.00496 *	-0.007038 *
lnHR	0.023736 ***	0.00605 **	0.000535 **	0.00336 **
lnSA	0.014073 ***	-0.00929 *	-0.00876 *	0.00808 **
W * lnFDI	0.015996 *	0.00559 *	0.00791 *	0.0159 **
W * lnGOV	-0.0006 *	-0.006163 *	-0.02409 **	-0.08698 ***

续表

解释变量	东部	东北	中部	西部
W * lnHR	0.01007 *	0.172533 ***	0.022551 *	0.023651 *
W * lnSA	0.01338 *	-0.01758 *	-0.011576 *	0.01753 ***
W * dep. var	0.487792 ***	0.16949 ***	0.312864 ***	0.498683 ***
R-squared	0.948	0.8985	0.8582	0.9558
sigma^2	0.0002	0.0004	0.0005	0.0002
log-likelihood	2411.789	785.7073	1886.598	1402.218

注：*、** 和 *** 分别表示在 10%、5% 和 1% 的显著性水平下显著。

表 6-13　各区域信息服务业集聚对产业结构升级的影响

解释变量	东部	东北	中部	西部
lnFDI	0.00071 **	0.00403 **	0.004864 ***	0.001077 **
lnGOV	-0.00123 **	-0.02133 **	-0.004775 **	-0.007878 **
lnHR	0.023525 ***	0.01016 **	0.00183 *	0.002476 *
lnSA	0.008423 ***	0.003764 ***	0.00445 **	0.00642 *
W * lnFDI	0.011306 *	0.0024 *	0.007719 *	0.01426 **
W * lnGOV	-0.00565 *	-0.061386 *	-0.02442 *	-0.10865 ***
W * lnHR	0.02989 *	0.170343 ***	0.029365 *	0.024292 *
W * lnSA	0.0317 ***	0.01633 *	0.026411 *	0.04135 ***
W * dep. var	0.472623 ***	0.165049 ***	0.302281 ***	0.500352 ***
R-squared	0.9481	0.9038	0.8575	0.9856
sigma^2	0.0002	0.0003	0.0005	0.0002
log-likelihood	2413.093	793.7504	1884.757	1401.222

注：*、** 和 *** 分别表示在 10%、5% 和 1% 的显著性水平下显著。

表 6-14　各区域金融业集聚对产业结构升级的影响

解释变量	东部	东北	中部	西部
lnFDI	0.00034 **	0.00244 **	0.004542 **	0.001121 **
lnGOV	-0.0026 *	-0.02339 **	-0.00546 *	-0.00775 *
lnHR	0.023812 ***	0.006478 ***	0.001319 ***	0.002673 ***

续表

解释变量	东部	东北	中部	西部
lnSA	0.004833**	0.00118**	0.00414**	0.00379**
W*lnFDI	0.008086*	0.00368*	0.006165*	0.01371*
W*lnGOV	-0.002261*	-0.053433*	-0.02159*	-0.08282***
W*lnHR	0.0202**	0.176987***	0.027933**	0.030818**
W*lnSA	0.03249**	0.02062**	0.02945**	0.02392*
W*dep.var	0.47392***	0.152376***	0.3084***	0.53851***
R-squared	0.9472	0.8971	0.8575	0.9544
sigma^2	0.0002	0.0004	0.0005	0.0002
log-likelihood	2405.732	783.6457	1884.662	1393.643

注：*、**和***分别表示在10%、5%和1%的显著性水平下显著。

表6-15　各区域商务服务业集聚对产业结构升级的影响

解释变量	东部	东北	中部	西部
lnFDI	0.0008**	0.002264**	0.004595**	0.001216**
lnGOV	-0.0284*	-0.02221**	-0.02771*	-0.02628*
lnHR	0.023528***	0.007103**	0.001387**	0.002432**
lnSA	0.0025*	-0.00167*	-0.0013*	0.00161**
W*lnFDI	0.001245**	0.00097**	0.005459*	0.01223*
W*lnGOV	-0.03998**	-0.047257*	-0.04224*	-0.03603***
W*lnHR	0.0155**	0.18191***	0.025649*	0.032438**
W*lnSA	0.004164**	-0.0026*	-0.002097*	0.00219*
W*dep.var	0.464092***	0.180325***	0.30071***	0.540332***
R-squared	0.9479	0.8972	0.8574	0.9548
sigma^2	0.0002	0.0004	0.0005	0.0002
log-likelihood	2411.444	783.6698	1884.493	1396.183

注：*、**和***分别表示在10%、5%和1%的显著性水平下显著。

表 6-16　各区域科技服务业集聚对产业结构升级的影响

解释变量	东部	东北	中部	西部
lnFDI	0.000054 **	0.002321 **	0.004552 **	0.001418 **
lnGOV	-0.00218 *	-0.02448 **	-0.004751 *	-0.008142 **
lnHR	0.023857 ***	0.007674 *	0.001316 *	0.002976 **
lnSA	0.007751 ***	0.004804 **	0.005931 **	0.009151 **
W * lnFDI	0.011724 *	0.00269 *	0.007517 *	0.01011 *
W * lnGOV	-0.007561 **	-0.061162 **	-0.01711 **	-0.08598 ***
W * lnHR	-0.00989 *	0.183481 ***	0.02941 **	0.029339 **
W * lnSA	0.04605 **	0.02198 *	0.035214 *	0.079095 *
W * dep. var	0.4799 ***	0.181127 ***	0.27861 **	0.527391 *
R-squared	0.9476	0.8977	0.8584	0.9549
sigma^2	0.0002	0.0004	0.0005	0.0002
log-likelihood	2408.972	784.4383	1887.475	1396.885

注：*、** 和 *** 分别表示在 10%、5% 和 1% 的显著性水平下显著。

由表 6-12~表 6-16 中估计结果可知：

第一，从物流业集聚上来看，各区域物流业集聚发展对产业结构升级存在显著影响且具有明显的区域差异。东、西部地区物流业集聚对产业结构升级具有显著的促进作用，且存在明显的正向空间溢出，其中，东部地区物流业集聚对本地产业结构升级的促进作用大于西部地区，而西部地区物流业集聚对周边城市产业结构升级的空间溢出效应大于东部地区；东北、中部地区物流业集聚则对产业结构升级存在反向抑制作用，且空间溢出作用明显，其中，东北地区物流业集聚对本地及周边城市产业结构升级的抑制作用比中部地区更强。

第二，从信息服务业集聚上来看，各区域信息服务业集聚发展对产业结构升级皆存在显著的正向影响，但影响力大小存在区域差异。从信息服务业集聚对本地产业结构升级的影响上来看，四大区域按影响效应由大至小依次排列为东部、西部、东北和中部地区；另外，从信息服务业集聚的空间溢出效应即对周边城市产业结构升级的影响方面来看，西部地区集聚的空间溢出效应最大，其次为东部地区，东北地区再次，中部地区最小。

第三，从金融业集聚上来看，各区域金融业集聚对产业结构升级都具有明显的促进作用，但作用大小不一。其中，东部地区金融业集聚对本地及周边城市产业结构升级的推动作用最大，其次为中部地区，西部地区稍弱于中部地区排名再次，而东北地区作用最小。

第四，从商务服务业集聚上来看，东、西部地区商务服务业集聚对本地及周边城市产业结构升级都存在显著的正向影响，且东部地区影响系数大于西部地区；而中部及东北地区商务服务业集聚却表现出对产业结构升级具有一定的反向作用，东北地区的作用力稍大于中部地区。

第五，从科技服务业集聚上来看，各区域科技服务业集聚对产业结构的作用效果显著，且皆具有正向推动作用。其中，西部地区科技服务业集聚对本地及周边城市产业结构升级的推动作用最大，其次为东部地区，中部地区再次，而东北地区影响效应最小。

综上所述，各区域不同生产性服务行业集聚发展对产业结构升级的影响各异：四大区域中，东部地区生产性服务业集聚对产业结构升级的促进作用最为明显，五大生产性服务行业集聚皆对产业结构升级具有推动作用。其中，信息服务业、科技服务业集聚推动效果最为明显。在西部地区，五大生产性服务行业集聚对产业结构升级同样具有较大的推动作用，并且知识溢出能力较强的信息服务业、科技服务业的集聚对周边城市产业结构升级产生了较大空间溢出。因此，西部地区生产性服务业整体集聚对产业结构升级具有最强的空间溢出效应；而中部和东北地区，由于在物流业及商务服务业集聚上对产业结构升级具有一定的抑制作用，造成这两个地区生产性服务业整体集聚对产业结构升级的抑制。

本章小结

根据第二章中四大区域生产性服务业集聚发展状况不一的研究结论，本章进一步分析各区域生产性服务业集聚对经济增长和产业结构升级的影响，旨在了解生产性服务业集聚的经济增长效应和产业结构升级效应的区域差异状况，有助于各区域因地制宜地促进生产性服务业集聚发展，进而推动区域经济增长和产业结构升级。

第一，生产性服务业集聚经济增长效应的区域差异。分整体和行业两个不同层面，将第四章中281个地级以上样本城市依据其所属省份划分为东部、东北、中部和西部四大区域，采用经济距离空间权重矩阵，进行空间相关性检验，选择空间面板杜宾模型进行实证分析。得到如下主要结论：

一是中国四大区域内城市经济增长都具有显著的正向空间相关效应，各区域内具有相似经济特征的城市之间经济增长相互影响。

二是各区域生产性服务业整体集聚对本地及周边城市经济增长皆具有显著的正向影响。

三是各区域生产性服务业整体集聚对经济增长的促进作用大小存在一定区域差异，且其本地经济增长效应与空间经济增长溢出效应的区域差异状况不同。西部地区城市的生产性服务业整体集聚对本地经济增长的促进作用较东部地区更弱，但其对周边经济发展特征类似城市的经济增长所产生的外溢作用较东部地区更强；类似的有，东北地区城市的生产性服务业整体集聚对本地经济增长促进作用小于中部地区，但其空间外溢作用比中部地区更强。

四是各区域不同生产性服务行业集聚发展对经济增长的影响各异：四大区域中，东部地区生产性服务业集聚对经济增长的促进作用最为明显，五大生产性服务行业集聚皆在一定程度上拉动经济增长。其中，金融业、物流业集聚拉动效果最为明显。西部地区生产性服务业集聚对经济增长的推动较大，五大生产性服务行业中，除商务服务业外，其余四大生产性服务行业对经济增长的推动作用明显，并且在科技服务业、信息服务业这类知识含量较高的行业上，集聚的空间溢出作用最大。因此，能够解释西部地区生产性服务业整体集聚对经济增长具有最强的空间溢出效应；而中部和东北地区，由于在物流业及科技服务业集聚上对经济增长具有一定的抑制作用，造成这两个地区生产性服务业整体集聚对经济增长的促进作用较弱。

第二，生产性服务业集聚产业结构升级效应的区域差异。分整体和行业两个不同层面，将第五章中239个地级以上样本城市依据其所属省份划分为东部、东北、中部和西部四大区域，采用经济距离空间权重矩阵，进行空间相关性检验，选择空间面板杜宾模型进行实证分析。得到如下主要结论：

一是中国四大区域内城市产业结构升级都具有显著的正向空间相关效应，各区域内具有相似经济特征的城市之间经济增长相互影响。

二是各区域生产性服务业整体集聚对本地及周边城市产业结构升级的影响作用显著，且影响方向和大小都存在明显的区域差异，但其本地产业结构升级效应与空间产业结构升级溢出效应的区域差异状况不同。其一，东、西部地区生产性服务业整体集聚的本地产业结构升级影响效应及产业结构升级的空间溢出效应皆为正，东部地区集聚的本地产业结构升级效应较大，西部地区集聚的空间产业结构升级溢出效应较大。其二，东北、中部地区生产性服务业整体集聚的本地产业结构升级影响效应及产业结构升级的空间溢出效应皆为负，且东北地区集聚对本地及周边城市产业结构升级的抑制皆大于中部地区。

三是各区域不同生产性服务行业集聚发展对产业结构升级的影响各异：四大区域中，东部地区生产性服务业集聚对产业结构升级的促进作用最为明显,五大生产性服务行业集聚皆对产业结构升级具有推动作用。其中,信息服务业、科技服务业集聚推动效果最为明显。在西部地区,五大生产性服务行业集聚对产业结构升级同样具有较大的推动作用,并且知识溢出能力较强的信息服务业、科技服务业的集聚对周边城市产业结构升级产生了较大空间溢出。因此,西部地区生产性服务业整体集聚对产业结构升级具有最强的空间溢出效应;而中部和东北地区,由于在物流业及商务服务业集聚上对产业结构升级具有一定抑制作用,造成这两个地区生产性服务业整体集聚对产业结构升级的抑制。

第七章　中国生产性服务业集聚发展的政策建议

第一节　健全生产性服务业集聚政策体系

中国生产性服务业集聚水平偏低，但集聚对经济增长及产业结构升级存在显著的促进作用。因此，各级政府必须大力推动生产性服务业集聚发展，以保障我国生产性服务业大繁荣，促进我国综合经济实力的提升和产业结构的优化升级。

由前文集聚的形成机理分析可知，在充分发挥市场机制调节作用的基础上，政府的政策导向作用能够通过外部动力机制优化生产性服务业集聚。因此，促进生产性服务业集聚发展，政府引导作用不容忽视，健全政策支持体系至关重要。具体相关支撑政策可分为以下几个方面：

一、完善创新支撑政策

区域创新环境是生产性服务企业集聚发展的关键因素。与发达国家相比，中国整体区域创新能力存在明显差距，自主创新能力较为薄弱，科技创新水平亟待提高。为了有效提升区域创新能力，充分发挥科技创新对生产性服务业集聚的支撑作用：

一方面，要建立健全生产性服务业政、企、学、研联合机制。该机制是指在各级政府的指导下，在利益共享、风险共担的原则下，生产性服务企业与高等学校、科研机构建立的长期合作关系。建立政、企、学、研联合机制，要在政府部门的宏观调控下，充分发挥生产性服务企业在市场决策、资金来源方面的优势，突出高等院校及相关科研机构在科技创新上的重要地位，共同进行技术攻关。通过整合不同机构的创新资源，建立科技创新长效机制，推动科研成果快速转化为现实生产力，降低生产成本，提高劳动生产率，最终为生产性服务业集聚发展提供有利条件。

另一方面，要完善生产性服务业知识产权保护体系。加强生产性服务业知识产权保护体系建设，要在引进和学习国际先进体系的同时，结合各地生产性服务业发展特点，建立具有我国行业特色的标准体系。鼓励生产性服务业发展较好的地区率先进行知识产权标准体系试点，总结经验教训，逐步向全国推广。通过建立和完善知识产权保护体系，降低生产性服务业创新过程中的侵权风险，激发生产性服务业创新热情，营造良好的技术创新环境，推动生产性服务业集聚发展。

二、优化投融资政策

生产性服务行业大多属于资本密集型行业，对资本投入的依赖程度较高，区域投资环境对生产性服务业发展影响重大。促进区域生产性服务业集聚发展，必须调整优化生产性服务业投融资政策，完善生产性服务业投资环境，从而吸引生产性服务企业进入，逐步形成生产性服务集聚区。

首先，持续加大生产性服务业投资力度。中国生产性服务业依然存在资本投入不足的问题，其主要原因有二：一是国家对生产性服务业发展的基础设施投资不足，导致大批优秀企业外流；二是公共服务领域的准入门槛较高，民间资本无法进入，引起资本利用效率较低。因此，一方面，政府要努力加大与服务业发展有关的交通、信息等公共领域基础设施投资；另一方面，适当逐步放宽公共服务领域的准入限制，打破垄断，允许民间资本参与投资，营造公平竞争环境，促进民间资本的高效利用。

其次，尝试设立生产性服务业发展专项基金。为激励生产性服务业发展，吸引生产性服务企业进入，可以专门设立生产性服务业发展基金，适当缓解资金短缺问题。一方面，政府通过组织专家团队进行市场调研，设立专项发展基金，引导生产性服务企业在某些新兴领域进行发展，扩宽市场范围，建立自主品牌；另一方面，设立专项奖励基金，鼓励生产性服务企业加快技术创新，开展重大工程项目。

最后，积极开展生产性服务业金融创新。针对生产性服务业融资困难，金融业要大胆创新，开通融资绿色通道，鼓励中小企业采取灵活抵押方式，用专利、商标等无形资产作为质押品进行融资；或者根据服务行业特点，对项目公司、生产支付、杠杆租赁、协议等多种融资方式进行整合，以便于解决融资问题。

三、改革税收政策

税收政策是国家进行宏观调控的重要工具之一，促进税收政策改革，能够激发区域内生产性服务业的集聚发展。具体来看，其一，根据服务行业特点及时调整营业税，如针对外包服务采取增值征税方式，对金融服务行业重新设计营业税征收税率等；其二，对高档消费服务业和基本消费服务业采取差别税率，提高高档消费服务业的税率，拓宽其征收范围，优化资源配置，促进教育、文化娱乐、社区服务、居民服务等相关基本消费服务的发展；其三，慎重调整增值税，将会计核算体系中生产性服务业及其分工深化的部分行业作为增值税征收对象，避免重复征税,降低企业成本,增强企业竞争力。

第二节 实现各生产性服务行业集聚协调发展

不同生产性服务行业,行业特征各异,集聚状况各异,对经济发展的影响各异。因此,在促进生产性服务业集聚发展时,必须考虑各行业特性,有针对性地采取相关政策,促进各行业集聚协调发展。

一、重视科技服务业集聚发展

知识溢出是生产性服务业集聚对经济发展产生影响的重要途径,而作为知识含量最高的生产性服务业,科技服务业集聚的知识溢出效应最为明显。促进科技服务业集聚发展能够推动科技创新和成果转化,实现科技与经济的深度融合,从而引领产业结构升级、优化经济增长。然而,事实上中国科技服务业集聚的发展状况不佳,且其对经济发展的促进作用并不明显。因此,必须采取有效手段促进科技服务业集聚发展,使其发挥出科技核心竞争力,有效推动经济发展。

第一,引导资源配置,加强政策支持。一方面,各地政府要结合本地科技服务业发展特点,选择基础条件较好的科技服务行业,统筹安排,引导资源配置,以培育区域科技服务自主品牌。通过品牌效应吸引相关科技服务行业进入,建立特色鲜明、结构合理、功能完善的科技服务业集聚区。另一方面,各地政府要为科技服务业集聚发展营造良好的政策环境。服务业专项基金要优先考虑扶持科技服务业;在合理的范围内给予企业一定税收优惠或优先纳入土地计划等;加快基础设施建设,特别是信息服务网络建设,降低获取信息资源成本,为推动科技创新提供帮助。

第二，提升管理水平，促进交流合作。各科技服务业集聚区必须建立配套管理机构，加强集聚区内统一管理，在集聚区内营造自由竞争、有序合作的文化氛围，这不仅有助于集聚区内企业进行自主创新，也能够促进集聚区内外交流合作，吸引国内和国际相关人才、资金、技术等生产要素进入科技服务集聚区，推动集聚区发展壮大。

二、建立新型现代物流集聚网络

随着电子商务的蓬勃发展，我国物流产业发展迅速，各地区相继出现规模不等的物流集聚园区，能够推动区域产业结构升级，但多数园区内企业规模较小、服务内容单一、运作效率低下，行业标准混乱，对区域经济增长贡献不大。立足于中国物流业集聚演化现状，未来物流业集聚发展应更加注重专业化及合作：积极发展第三方物流，建立专业物流公共信息平台；推动物流业与制造业及相关产业联动发展，促进物流企业跨区域合作。

一方面，完善服务标准，搭建专业化信息平台。首先，借鉴国际先进经验，制定和完善物流业服务标准，加强物流集聚园区的专业化、规范化建设，依据区域特点对物流集聚区进行整体规划，建设功能完善、特色鲜明的现代物流园区。其次，由政府财政出资，构建区域物流专业化信息平台，通过市场化运营方式，为集聚区内企业提供相关信息和技术帮助，提高物流企业生产效率。最后，提升集聚区从业人员专业化水平。建立人才信息库，在人力资源供需双方之间搭建信息互通平台；构建各层次、多渠道的教育培训体系，提升集聚区内物流从业人员的专业素养；提供有效的人才吸引条件，促进高素质人才流动。

另一方面，促进产业间、区域间合作。进一步推动物流与相关产业联动发展，大力发展第三方物流，引导制造企业剥离物流业务，鼓励批发零售、电子商务与物流企业建立长期合作关系；另外，减少地区间壁垒，促进物流企业跨区域合作，优化经济资源在区域间的配置，提升物流业集聚的空间溢出效应。

三、促进金融、信息服务业集聚创新发展

五大生产性服务行业中，中国金融和信息服务业集聚发展相对较好，对经济增长和产业结构升级的促进作用明显，但影响强度不大，金融和信息服务业的经济发展效应才刚刚显现，有待增强。因此，各级政府应致力于金融和信息服务业集聚创新发展，以进一步凸显其经济发展效应。

一方面，建立多层次金融中心，推动金融服务创新。一是要建立多层次金融中心，优化金融资源配置。根据区域经济发展规律和金融发展实际情况建立多层次金融集聚中心，避免金融资源浪费、推动区域经济和产业发展。在突出国际金融中心战略地位的同时，辅以国家级和区域性金融中心的发展，根据城市自身特点，发挥比较优势，形成金融资源的合理布局。二是要推进金融创新，促进关联产业集聚。顺应时代，探索发展互联网金融，促进信息与金融产业协同集聚；出台政策，大力扶持融资租赁，引导租赁服务企业与金融企业合作，实现规模化经营；引进资产管理公司，在全国范围内进行跨区域合作，为缓解企业融资困难另辟蹊径。

另一方面，加大信息技术服务创新力度，增强信息服务业凝聚力。互联网时代，信息技术服务创新对社会生产影响重大。云计算、物联网等信息技术能够推动制造业的智能化、柔性化和服务化，为工业重点行业提供业务流程再造和优化，等等。因此，要加大信息技术服务创新力度，推动产品创新，拓展服务领域，发展面向制造业、金融业等集群的系统维护、数据托管、信息安全等服务平台，从而增强信息服务产业凝聚力，推动信息服务业与关联产业的双重集聚。

第三节　因地制宜发展生产性服务业集聚

中国生产性服务业集聚发展存在明显的区域差异性，且不同生产性服务行业其集聚发展的区域差异性也存在一定差别。因此，必须根据各区域发展现状，因地制宜地发展生产性服务业集聚。

一、突出东部地区集聚战略中心地位

中国东部地区生产性服务业集聚发展状况相对较好，对比其他区域而言，该地区生产性服务业集聚的经济发展效应相对较强，尤其是金融业与信息服务业，然而与国际发达地区相比仍有较大差距，亟待进一步发展。因此，必须突出中国东部地区生产性服务业集聚的战略中心地位，不断增强其集聚的经济增长和产业升级辐射能力，促进本地区及周边区域的经济发展。

一方面，扩大金融服务集聚优势，建立国家金融中心。东部地区包含北京、上海、广东等多个中心城市，它们分别位于中国的行政中心、经济中心及毗邻国际金融中心香港，具备得天独厚的发展条件。这些城市金融集聚优势明显，但集聚竞争力仍较弱。可以通过政策支持、政府引导、区域合作等多种方式，将它们建设为国家性金融中心，这将对中国环渤海地区、长三角地区及南部地区的经济发展产生极大辐射效应。

另一方面，打造信息服务集聚区网络，支撑关联产业发展。作为国民经济的基础性、先导性、支撑性产业，软件和信息服务业对工业、农业及其他服务业的影响至关重要。上海、杭州、北京、深圳、广州、南京等东部地区城市都出现了初具规模的信息服务业集聚区，但多数集聚区存在结构单一，创新能力不强的缺点。现代经济变革方兴未艾，新兴

应用层出不穷,单一的信息服务业集聚很难适应其发展,因此,信息技术服务必须向网络化、体系化和融合化的方向演进。通过集群间相互合作,建立信息技术服务网络,促进信息和关联产业的深度融合,提高产业规模化,创新化,努力达到国际化发展水平。

二、推动西部地区建立科技品牌集聚区

在中国四大区域中,西部地区生产性服务业集聚对经济发展表现出最为明显的空间外溢效应,这与该地区科技服务业集聚发展的比较优势密切相关。科技服务企业集聚,有利于企业间的协同合作,公平竞争,不仅能够激发科技服务企业的自主创新能力,而且能够提高新知识、新技术的传播速度,拓展其传播渠道,对区域创新能力的提升产生积极影响,促进本地经济发展,并且通过知识技术跨区流动带动邻近城市的经济发展。因此,进一步发挥西部地区科技服务业集聚优势,促进区域间联合发展、优势互补,将有助于国家整体经济实力的增强。

一方面,建立科技服务业品牌集聚区,进一步发展西部地区科技服务业集聚。近年来,西部地区一些城市(如成都、重庆、宁夏等)科技服务集聚发展迅速,服务内容丰富、模式创新、质量和能力逐步提升。为了进一步促进其发展,各级政府必须对辖区内已有的科技服务业集聚区进行统筹规划,选择基础条件较好,市场竞争力较强的科技服务行业,在财税、金融等相关政策上给予支持,集中资源进行发展,将其打造成为全国科技服务业优势品牌集聚区。具有品牌优势的集聚区,不仅能够对本区域内的物质和人力资本形成强大的吸引力,还能够吸引物质和人力资本的跨区域流动,从而进一步巩固其优势地位,形成产业发展的良性循环,进而推动关联产业发展,优化产业结构升级,提高经济发展质量。

另一方面,促进区域间联合发展,形成优势互补。西部地区内部各

城市间产业集聚的知识溢出效应明显,但为了增强国家整体经济实力,必须促进区域对外开放,逐步降低区域间的知识溢出壁垒,借助互联网、信息技术等手段,推动区域间联合发展,将"引进来"和"走出去"相结合,引进东部地区城市在金融、信息服务等相关行业上的先进技术,并将本地科技服务业上的创新成果输出去,进行优势互补,共同发展。

三、改变中部及东北地区生产性服务业集聚落后状况

中部及东北地区生产性服务业集聚发展较为落后,对区域经济发展的影响为负。各级政府应根据自身经济发展状况,采取有关政策积极推动生产性服务业集聚,改变中部及东北地区集聚落后状况,为区域乃至国家经济发展做出贡献。

第一,指导中部地区有序承接产业转移,促进生产性服务业集聚。中部地区资源丰富、要素成本偏低、市场潜力巨大,是国际和东部沿海地区产业转移的最佳承接地。在承接国内外转移产业过程中,各级政府必须做好指导工作,加强规划统筹,优化产业布局,引导转移生产性服务业向园区集中,促进产业园区规范化、集约化、特色化发展,增强重点地区生产性服务业集聚能力。

第二,借助交通枢纽城市,发展物流产业集聚。中部地区包含多个不同层次的交通枢纽城市,如武汉、长沙、郑州等,尤其是武汉作为8个全国性综合交通枢纽试点城市之一,其交通基础设施网络齐全,有望再现"九省通衢"的辉煌。依托中部地区的交通优势,可以大力发展物流产业集聚,优化区域物流网络,完善物流建设和服务标准,引导物流设施资源集约发展,培育一批具有较强服务能力的生产服务型物流园区和配送中心。

第三,依托工业优势,推动生产性服务业与工业协同集聚发展。东

北老工业基地支柱产业需要通过创新实现优化升级，而工业产品创新及工业生产工艺、生产流程等技术创新又与相关生产性服务创新息息相关。例如信息服务业在工业操作软件、集成实施、运行维护等方面的创新，将对工业劳动生产率的提高产生积极作用；第三方物流的创新发展将为工业企业提供高效的配送、存储服务，为工业企业节约时间和资金成本。因此，在东北老工业集聚振兴发展的进程中，应同步发展生产性服务业集聚，达到互相促进、合作共赢的目的。

研究结论与展望

一、研究结论

本书通过阅读大量国内外生产性服务业集聚相关文献，探究国内外研究需要进一步补充与完善之处。在对全国整体、各区域范围内中国生产性服务业集聚程度进行全面测度后，定量描述集聚发展的动态演化过程并比较其行业差异；从城市经济增长和产业结构升级两个层面深入剖析生产性服务业集聚对经济发展的影响机理，采用中国地级以上城市面板数据，全面定量考察生产性服务业集聚对经济发展的影响程度及其行业差异、区域特点。研究得到以下主要结论：

（一）中国生产性服务业集聚度水平

从全国层面上看，一方面，中国生产性服务业的行业集中程度不高，存在逐年降低的趋势，且具有显著的行业差异，其中金融业的行业集中程度最高，信息传输业和交通运输业次之，商务服务业和科技服务业集中程度较低；另一方面，中国生产性服务业地理集聚水平偏低，但其集中趋势具有良好的发展势头，且生产性服务业地理集聚也存在明显的行业差异，信息传输业、商务服务业、科技服务业的地理集中程度较高，金融业、交通运输业的地理集中度处于较低水平。

从区域层面上看，一方面，中国生产性服务业行业集中程度存在区域差异，东北地区集中程度相对较高，中部地区次之，西部地区再次，东部地区最小，且该区域差异不存在明显的行业差别；另一方面，中国生产性服务业地理集中程度也存在明显的区域差异，一是对各生产性服务行业均有，东部地区地理集中程度较高，其余三大区域地理集中程度较弱；二是西部地区在交通运输业的集聚发展上具有一定比较优势；三是中部地区集聚发展比较优势行业为金融行业；四是东北地区则只在商务服务业的集聚发展领先于中部地区。

从省域层面上看，通过测算区位熵指数衡量产业专业化程度反映产业集聚发展。一方面，东部地区省份生产性服务业集聚程度较高，尤其是北京、上海两城市表现极为突出；东北地区中辽宁、吉林两省集聚水平较高；青海、宁夏、内蒙古等西部城市集聚发展较好；而中部六省集聚水平整体偏低。另一方面，在行业差异上，东部地区省份商务服务业、信息传输、科技服务业集聚发展水平较高，西部地区科技服务业集聚较好，东北及中部地区交通运输业等传统生产性服务业集聚更为突出。

（二）中国生产性服务业集聚的动态演化

中国交通运输集聚发展已经进入快速成长期，而金融集聚系统还处于萌芽时期。中国金融业集聚起步较晚，但其集聚潜力巨大，最大极限产出远远超过交通运输集聚。

目前北京、辽宁、江西、宁夏交通运输集聚发展所处阶段各不相同，北京和江西已经进入集聚快速成长阶段，而辽宁和宁夏集聚发展相对较慢，正由萌芽期向快速成长期过渡。说明中国交通运输业集聚系统正处于成长发展过程中，集聚发展亟待技术创新，唯有不断推动技术创新，为集聚区的发展注入新的生命力，才能保证集聚系统快速发展。

（三）生产性服务业集聚对经济增长的影响效应

虽然目前中国生产性服务业整体集聚水平偏低，但其集聚的城市经济增长效应得到了有效发挥，能够一定程度上促进本地及周边城市的经济增长，生产性服务业集聚程度提高1个百分点，可以带动人均GDP增长0.02个百分点（经济距离权重矩阵下计算），促进作用有待加强。

不同生产性服务行业内集聚对经济增长的影响作用并不统一。一方面，信息服务业、金融业和商务服务业的行业内集聚发展能够促进本地经济增长，并对周边城市经济增长具有正向溢出作用。其中，金融业促进作用最大，其次为信息服务业，商务服务业促进作用最弱。另一方面，物流业和科技服务业的行业内集聚对本地及周边城市经济增长具有反向作用力，且物流业的抑制作用要大于科技服务业。

（四）生产性服务业集聚的产业结构升级影响效应

生产性服务业整体集聚能够推动本地及周边城市的产业结构优化升级，生产性服务业集聚程度提高1个百分点，可以带动产业结构升级系数提高0.0038个百分点（经济距离权重矩阵下计算），并且五大生产性服务行业内集聚发展的本地产业结构升级效应及空间产业结构升级溢出效应皆为正，但各行业影响力系数大小不一，其中信息服务业集聚促进作用最大，其余依次为物流业集聚、金融业集聚、科技服务业集聚和商务服务业集聚。

（五）生产性服务业集聚经济发展效应的区域差异性

1. 城市经济增长效应的区域差异

各区域生产性服务业整体集聚对经济增长的促进作用大小存在区域差异。东部地区城市的生产性服务业整体集聚对本地经济增长的促进作用最大，西部地区稍落后于东部地区，但其对周边经济发展特征类似城市的经济增长所产生的外溢作用较东部地区更强；东北地区城市的生产性服务业整体集聚对本地经济增长促进作用小于中部地区，但其空间外溢作用比中部地区更强。

各区域不同生产性服务行业集聚发展对经济增长的影响各异：四大区域中，东部地区生产性服务业集聚对经济增长的促进作用最为明显，五大生产性服务行业内集聚皆可拉动经济增长，且金融业、物流业集聚效果最为明显；西部地区生产性服务业集聚对经济增长的推动较大，除商务服务业外，其余四大生产性服务行业对经济增长的推动作用明显，并且科技服务业、信息服务业这类知识含量较高的行业，集聚的空间溢出作用最大；中部和东北地区的物流业及科技服务业内部集聚对经济增长存在抑制作用。

2. 产业结构升级效应的区域差异

各区域生产性服务业整体集聚对本地及周边城市的产业结构升级的影响作用显著，且影响方向和大小都存在明显的区域差异。首先，东、西部地区生产性服务业整体集聚的本地产业结构升级影响效应及产业结构升级的空间溢出效应皆为正，东部地区集聚的本地产业结构升级效应较大，西部地区集聚的空间产业结构升级溢出效应较大；其次，东北、中部地区生产性服务业整体集聚的本地产业结构升级影响效应及产业结构升级的空间溢出效应皆为负，且东北地区集聚对本地及周边城市产业结构升级的抑制皆大于中部地区。

各区域不同生产性服务行业集聚发展对产业结构升级的影响各异：东部地区五大生产性服务行业内集聚对产业结构升级的推动作用最大，其中信息服务业、科技服务业集聚影响效果最优；由于知识溢出能力较强的信息服务业、科技服务业的集聚的贡献，西部地区生产性服务业整体集聚对产业结构升级具有最强的空间溢出效应；中部和东北地区的物流业及商务服务业集聚对产业结构升级存在抑制作用。

二、研究展望

本书结合经济地理学、空间经济学、统计学等相关理论，在对中国生产性服务业集聚的形成及动态演化进行系统描述的基础上，从城市经济增长和产业结构升级两个层面，剖析了生产性服务业集聚对经济发展的作用机理，全面考察了中国生产性服务业集聚对经济发展的影响程度及其行业差异、区域特点，初步建立了生产性服务业集聚发展及其对经济发展影响的理论分析框架。从目前我国提出加快发展生产性服务业促进产业结构升级的现状来看，这种研究存在一定的现实意义和合理性。

然而，生产性服务业集聚的形成和演化过程及其发展，集聚对经济发展的影响效应是多方面的，由于水平和时间有限，本书在以下方面还存在一定局限性，有待进一步研究和思考。

第一，由于受到部分指标数据获取的限制，在影响效应实证分析中，本书选择区位熵指标对中国地级以上城市生产性服务业的集聚程度进行衡量，单一指标对集聚测度不够全面。因此，未来在指标数据能够获得的前提下，可以选取相关指标，对生产性服务业集聚程度进行综合评价，提高集聚程度测定的准确性。

第二，就生产性服务业集聚对经济发展的影响来看，本书研究只涉及宏观经济增长和产业结构升级两个方面，后续研究空间很大。例如，生产性服务业与制造业密切相关，可以深入分析各生产性服务行业集聚对制造业的影响及其差异性、生产性服务行业与制造业的协同集聚，等等。

第三，本书根据生产性服务业集聚的外部性理论，实证分析了集聚对经济发展的外部性影响。但生产性服务业集聚外部性，按其来源不同分为三类，即专业化外部性、多样化外部性和竞争外部性。因此，未来研究可以进一步比较分析生产性服务业集聚的三种不同外部性对经济的影响。

参 考 文 献

[1] [德] 阿尔弗雷德·韦伯：《工业区位论》，李刚剑、陈志人、张英保译，商务印书馆1997年版。

[2] 边泰明：《生产性服务业区位与区域发展之研究》，《国科会专题计划》1997年。

[3] 蔡昉：《警惕招工难、就业难演变为人才短缺》，《中国经济周刊》2014年第17期。

[4] 曾国宁、游海涛：《着力培育和发展产业集聚》，《发展研究》2006年第7期。

[5] 陈国亮：《新经济地理学视角下的生产性服务业集聚研究》，浙江大学博士论文，2010年。

[6] 陈建军、陈国亮、黄洁：《新经济地理学视角下的生产性服务业集聚及其影响因素研究——来自中国222个城市的经验证据》，《管理世界》2009年第4期。

[7] 陈建军、崔春梅、陈菁菁：《集聚经济、空间连续性与企业区位选择：基于中国265个设区城市数据的实证研究》，《管理世界》2011年第6期。

[8] 陈建军、陈菁菁：《生产性服务业与制造业的协同定位研究——以浙江省69个城市和地区为例》，《中国工业经济》2011年第6期。

[9] 陈建军：《中国现阶段产业区域转移的实证研究——结合浙江105家企业的问卷调查报告的分析》，《管理世界》2002年第6期。

[10] 陈艳莹、聂萍、黄蜀：《比较优势、本地市场效应与生产性服务业集聚》，《产业经济评论》2014年第4期。

[11] 程大中、黄雯：《中国服务业的区位分布与地区专业化》，《财贸经济》2005年第7期。

[12] 程大中：《中国生产者服务业的增长、结构变化及其影响——基于投入产出法的分析》，《财贸经济》2006年第10期。

[13] 代文：《浅析现代服务业集群的成长机制与识别方法》，《华东经济管理》2007年第7期。

[14] 但斌、张乐乐、钱文华：《知识密集型生产性服务业区域性集聚分布模式及其动力机制研究》，《软科学》2008年第3期。

[15] 刁慕蓉、庄丽娟：《我国六省市服务业竞争力的总体评价及对策研究》，《财贸研究》2004年第4期。

[16] 范剑勇、谢强强：《地区间产业分布的本地市场效应及其对区域协调发展的启示》，《经济研究》2010年第4期。

[17] 范剑勇：《产业集聚与地区间劳动生产率差异》，《经济研究》2006年第11期。

[18] 方远平、闫小培：《大都市服务业区位理论与实证研究》，北京：商务印书馆2008年版。

[19] 方远平、闫小培、陈忠暖：《服务业区位因素体系的研究》，《经济地理》2008年第1期。

[20] 高峰、刘志彪：《产业协同集聚：长三角经验及对京津唐产业发展战略的启示》，《河北学刊》2008年第1期。

[21] 高运胜：《上海生产性服务业集聚区发展模式研究》，同济大学博士论文，2008年。

[22] 高运胜：《文献综述：生产性服务业集聚动因、模式与演化》，《国际商务研究》2013年第5期。

[23] 顾乃华：《我国城市生产性服务业集聚对工业的外溢效应及其

区域边界——基于 HLM 模型的实证研究》,《财贸经济》2011 年第 5 期。

[24] 韩峰、王琢卓、阳立高:《生产性服务业集聚、空间技术溢出效应与经济增长》,《产业经济研究》2014 年第 2 期。

[25] 何骏:《探索中国生产性服务业集聚区的发展之路——中国生产性服务业集聚区的创新系统与重点模式研究》,《当代经济管理》2009 年第 4 期。

[26] 贺灿飞、潘峰华:《外部集聚经济、外资溢出效应与制造业企业效率》,《产业经济研究》2005 年第 3 期。

[27] 侯淑霞、王雪瑞:《生产性服务业集聚与内生经济增长》,《财经论丛》2014 年第 5 期。

[28] 胡霞、魏作磊:《中国城市服务业发展差异的空间经济计量分析》,《统计研究》2006 年第 9 期。

[29] 胡霞:《产业特性与中国城市服务业集聚程度实证分析》,《财贸研究》2009 年第 2 期。

[30] 黄莉芳:《生产性服务业对制造业产业关联的实证研究》,复旦大学博士论文,2005 年。

[31] 黄作明、薛恒新、桂良军:《区域服务业竞争力的模糊综合评价模型的构建》,《审计与经济研究》2004 年第 6 期。

[32] 江曼琦、席强敏:《生产性服务业与制造业的产业关联与协同集聚》,《南开学报(哲学社会科学版)》2014 年第 1 期。

[33] 蒋三庚:《现代服务业集聚若干理论问题研究》,《北京工商大学学报(社会科学版)》2008 年第 1 期。

[34] 金祥荣、朱希伟:《专业化产业区的起源与演化——一个历史与理论视角的考察》,《经济研究》2002 年第 8 期。

[35] 金煜、陈钊、陆铭:《中国的地区工业集聚:经济地理、新经济地理与经济政策》,《经济研究》2006 年第 4 期。

[36] 柯善咨、姚德龙:《工业集聚与城市劳动生产率的因果关系和

决定因素——中国城市的空间计量经济联立方程分析》,《数量经济与技术经济研究》2008年第12期。

［37］李江帆、毕斗斗:《国外生产服务业研究述评》,《外国经济与管理》2004年第11期。

［38］刘秉镰、武鹏、刘玉海:《交通基础设施与中国全要素生产率增长——基于省域数据的空间面板计量分析》,《中国工业经济》2010年第7期。

［39］刘红、叶耀明:《交易费用视角下的金融集聚效应》,《金融理论与实践》2007年第12期。

［40］刘修岩:《集聚经济与劳动生产率:基于中国城市面板数据的实证研究》,《数量经济技术经济研究》2009年第7期。

［41］刘志彪:《论以生产性服务业为主导的现代经济增长》,《中国经济问题》2001年第1期。

［42］陆小成:《生产性服务业与制造业融合的知识链模型研究》,《情报杂志》2009年第2期。

［43］路江涌、陶志刚:《中国制造业区域聚集及国际比较》,《经济研究》2006年第3期。

［44］罗勇、曹丽莉:《中国制造业集聚程度变动趋势的实证研究》,《经济研究》2005年第8期。

［45］［美］迈克尔·波特:《国家竞争优势》,李明轩、邱如美译,北京:华夏出版社2002年版。

［46］潘文卿、刘庆:《中国制造业产业集聚与地区经济增长——基于中国工业企业数据的研究》,《清华大学学报(哲学社会科学版)》2012年第1期。

［47］钱水土、金娇:《金融结构、产业集聚与区域经济增长:基于2000-2007年长三角地区面板数据分析》,《商业经济与管理》2010年第4期。

[48] 任英华、游万海、陈雪梅：《现代服务业集聚竞争力评价模型及其应用》，《统计与信息论坛》2010年第10期。

[49] 盛丰：《生产性服务业集聚与制造业升级：机制与经验》，《产业经济研究》2014年第2期。

[50] 盛龙、陆根尧：《中国生产性服务业集聚及其影响因素研究——基于行业和地区层面的分析》，《南开经济研究》2013年第5期。

[51] 苏红键、赵坚：《经济圈制造业增长的空间结构效应——基于长三角经济圈的数据》，《中国工业经济》2011年第8期。

[52] [日] 藤田昌久、蒂斯：《集聚经济学——城市、产业区位与区域增长》，刘峰译，西南财经大学出版社2004年版。

[53] 汪彩君、唐根年：《长江三角洲地区制造业空间集聚、生产要素拥挤与集聚适度识别研究》，《统计研究》2011年第2期。

[54] 王缉慈等：《超越集群——中国产业集群的理论探索》，科学出版社2010年版，第6页。

[55] 王丽丽、范爱军：《空间集聚与全要素生产率增长——基于门限模型的非线性关联研究》，《财贸经济》2009年第12期。

[56] 王丽丽：《中国产业集聚与全要素生产率增长——基于贸易开放的门槛效应研究》，山东大学博士论文，2010年。

[57] 王晓玉：《国外生产性服务业集聚研究述评》，《当代财经》2006年第3期。

[58] 王琢卓、韩峰：《湖南省生产性服务业集聚对经济增长的影响》，《中国科技论坛》2012年第6期。

[59] 王琢卓：《生产性服务业空间集聚、溢出效应与经济增长》，《湖南社会科学》2013年第6期。

[60] 魏江、朱海燕：《知识密集型服务业与产业集群发展的互动模式研究》，《研究与发展管理》2006年第4期。

[61] 谢里、罗能生：《中国制造业空间集聚水平及其演变趋势》，

《科学学研究》2009年第12期。

[62] 徐德云：《产业结构升级形态决定、测度的一个理论解释与验证》，《财政研究》2008年第1期。

[63] 宣烨、宣思源：《论城市服务业集聚与效率提升的空间溢出效应》，《山西大学学报（哲学社会科学版）》2013年第2期。

[64] 宣烨：《本地市场规模、交易成本与生产性服务业集聚》，《财贸经济》2013年第8期。

[65] 薛立敏、杜英仪、王素弯：《台湾生产性服务业之发展与展望》，财团法人中华经济研究所，1995年。

[66] 杨洪焦、孙林岩、高杰：《中国制造业集聚度的演进态势及其特征分析——基于1988-2005年的实证研究》，《数量经济技术经济研究》2008年第5期。

[67] 杨玉英：《我国生产性服务业影响因素与效应研究——理论分析与经验证据》，吉林大学博士学位论文，2010年。

[68] 张浩然：《地理距离、集聚外部性与劳动生产率：基于城市数据的空间面板计量分析》，《南方经济》2012年第2期。

[69] 张益丰、黎美玲：《先进制造业与生产性服务业双重集聚研究》，《广东商学院学报》2011年第2期。

[70] 张益丰：《生产性服务业产业集聚的有效形成：鲁省证据》，《改革》2013年第11期。

[71] 章祥荪、贵斌威：《中国全要素生产率分析：Malmquist指数法评述与应用》，《数量经济技术经济研究》2008年第6期。

[72] 章元、刘修岩：《聚集经济与经济增长：来自中国的经验证据》，《世界经济》2008年第3期。

[73] 赵峰、姜德波：《长三角地区产业转移推动区域协调发展的动力机理与区位选择》，《经济学动态》2011年第5期。

[74] 赵伟、郑雯雯：《生产性服务业——贸易成本与制造业集聚：

机理与实证》,《经济学家》2011年第2期。

[75] 郑吉昌、夏晴:《服务业发展与产业集群竞争优势——以浙江产业集群发展为例》,《财贸经济》2005年第7期。

[76] 郑敏:《产业集聚与区域经济增长关系研究——对长江三角洲地区的实证研究》,《中国城市经济》2010年第9期。

[77] 钟韵、阎小培:《我国生产性服务业与经济发展关系研究》,《人文地理》2003年第5期。

[78] 周兵、蒲勇健:《一个基于产业集聚的西部经济增长实证分析》,《数量经济技术经济研究》2003年第8期。

[79] 朱英明:《区域制造业规模经济、技术变化与全要素生产率:产业集聚的影响分析》,《数量经济技术经济研究》2009年第10期。

[80] Aberg Y. Regional Productivity Differences in Swedish Manufacturing, *Regional and Urban Economics*, 1973.

[81] Alejandro D. B. Agglomeration Economies, Economic Growth and the New Economic Geography in Mexico, *Econ WPA in its Series Urban/Regional*, 2005.

[82] Andersson M., C. Karlsson. Knowledge in Regional Economic Growth the Role of Knowledge Accessibility, *Industry and Innovation*, 2007.

[83] Andersson M., H. Loof. Agglomeration and Productivity: Evidence from Firm-level data, *The Annals of Regional Science*, 2009.

[84] Andersson. Location of Manufacturing and Producer Services: A Simultaneous Equation Approach, *Entrepreneurship and Dynamics in the Knowledge Economy*, 2006.

[85] Anselin L. Spatial Econometrics: Methods and Models, Dordrecht: *Kluwer Academic publishers*. 1988.

[86] Arup M., H. Sato. Agglomeration Economies in Japan: Technical Efficiency, Growth and Unemployment, *Review of Urban and Regional Devel-*

opment Studies, 2007.

[87] Astrid Krenz. Services Sectors' Agglomeration and its Interdependence with Industrial Agglomeration in the European Union, *University of Gottingen, Department of Economics Center for European, Governance and Economic Development Research Discussion Papers*, 2010.

[88] Banga Rashmi. Critical Issues in India's Service-Led Growth, *ICRIER Working Paper*, 2005.

[89] Braunerhjelm, Borgman, Agglomeration. Diversity and Regional Growth, *Electronic Working Paper*, 2006.

[90] Brulhart, Mathys. Sectoral Agglomeration Economies in a Panel of European Regions, *CEPR Discussion Paper*6410, 2007.

[91] Ciccone A. Agglomeration Effects in Europe, *European Economics Review*, 2002.

[92] Ciccone A. , Hall R. E. Productivity and the Density of Economics Activity, *American Economics Review*, 1996.

[93] Cingano F. , F. Schivardi. Identifying the Sources of Local Productivity Growth, *Journal of the European Economic Association*, 2004.

[94] D. Keeble, L. Nacham. Why Do Business Service Firms Cluster Small Consultancies, Clustering and Decentralization in London and Southern England, *Transactions of the Institute of British Geographers*, 2002.

[95] Daniels. Service Industries: a Geographical Appraisal, *Methuen*, 1985.

[96] Dekle R. , J. Eaton. Agglomeration and Land Rents: Evidence from the Prefectures, *Journal of Urban Economics*, 1999.

[97] Desmet K. , FAFCHAMPS M. Changes in the spatial concentration of employment across US countries: a sector analysis 1972 – 2000, *Journal of Economic Geography*, 2005.

[98] Fogarty M. , G. A. Garofalo. Urban Spatial Structure and Productivity Growth in the Manufacturing Sector of Cities, *Journal of Urban Economies*, 1988.

[99] Hansda S. K. Sustainability of Services-led Growth: An Input-Output Analysis of Indian Economy, *RBI Occasional Working Paper*, 2001.

[100] Harris. T. F. Ioannides, Productivity and Metropolitan Density, *Discussion Paper*, 2000.

[101] Hoover E. M. Location of Economic Activity, New York: McGraw Hill, 1948.

[102] Johann Heinrich. von. Thünen, Der isolierte Staat in Beziehung auf Landwirtschaft und Nationalökonomie, *Akademie-Verlag*, 1990.

[103] Keeble D. , Wilkinson F. High Technology Clusters, Networking and Collective Learning in Europe, *Ashgate Aldershot*, 2000.

[104] Kolko J. Urbanization, agglomeration and co-agglomeration of service industries, *Agglomeration Economics*, 2010.

[105] Krugman P. R. Increasing Returns and Economic Geography. *The Journal of Political Economy*, 1991.

[106] Krugman P. History and Industry Location: the Case of the Manufacturing Belt, *American Economic Review*, 1991.

[107] Marshall J. Services and uneven development, London: Oxford University Press, 1988.

[108] Midelfart K. H. , Overman H. G. . Redding S. J. , A. J. Venables. The Location of European Industry, *Introduction Closer European integration*, 2004.

[109] Moulaert F. , Gallou J. The Location Geography of Advanced Producer Firms: The Limits of Economics of Agglomeration, *The Service Industries Journal*, 1993.

[110] Moulaert F., Gallou J. The Location Geography of Advanced Producer Firms, *Regional Studies*, 2000.

[111] Naresh, Gary, Swann. The Dynamics of Industrial Clustering in British Financial Services, *The Service Industries Journal*, 2001.

[112] Ottaviano, Pinem. Market Potential and Productivity: Evidence from Finnish Regions, *Regional Science and Urban Economics*, 2006.

[113] Pandit N., Cook G. Benefits of Industrial Clustering: Insights from the British Financial Services Industry at Three Locations, *Journal of Financial Services Marketing*, 2003.

[114] Pinch S., Henry A. Paul Krugman's Geographical Economics, Industrial Clustering and The British Motor Sport Industry, *Regional Studies*, 1999.

[115] R. Dekle, J. Eato. Agglomeration and Land Rents: Evidence from the Prefectures, *Journal of Urban Economics*, 2002.

[116] Rice P., Venablesb A. J. Eleonora Patacchini, Spatial Determinants of Productivity: Analysis for the Regions of Great Britain, *Regional Science and Urban Economics*, 2006.

[117] Richard Shearmur, David Doloreux, Urban Hierarchy or Local Buzz? High-order Producer Service and (or) Knowledge-intensive Business Service Location in Canada: 1991 - 2001, *The Professional Geographer*, 2008.

[118] Robert, Colin Smith. The Influence of Location and Distance on the Supply of Bussiness Ddvice, *Environment and Planning A*, 2002.

[119] Segal D. Are There Returns to Scale in City Size? *Review of Economies and Statistics*, 1976.

[120] Senn, Lanfranco. Service Activities "Urban Hierarchy and Cumulative Growth", *The Service Industries Journal*, 1993.

[121] Simon X. B., Zhao, Li Zhang, Danny T., Wang. Determining

Factors of the Development of a National Financial Center: the Case of China, *Geoforum*, 2004.

[122] Storper M. , Walker. R. The Capitalist Imperative Territory, Technology and Industrial Growth, *Oxford: Blackwell*, 1989.

[123] Sverikauskas L. The Productivity of Cities, *Quarterly Journal of Economies*, 1975.

[124] Tabuehi T. Existence and Stability of City Size Distribution in the Gravity and Logic Models, *Environment and Planning*, 1986.

[125] Tim Padmore, Hervey Gibson. Modeling Systems of Innovation: a Framework for Industrial Cluster Analysis in Regions, *Research Policy*, 1998.

[126] Weber A. The Theory of the Location of Industries, *Chicago University press*, 1929.